아하 한글 받아쓰기

②

소리의 변화가 간단한 말

틀리기 쉬운 글자부터
집중적으로!

의 한글 받아쓰기 책

왜 『아하 한글 받아쓰기』로 시작해야 할까요?

1 최영환 교수와 초등 교사가 함께 만든 3단계 한글 학습 프로그램!

『아하 한글 받아쓰기』는 한글 학습 분야 1위 저자인 최영환 교수와 초등학교 현장 교사가 함께 예비 초등학생과 초등학교 1학년 학생을 위해 개발한 체계적인 받아쓰기 프로그램이에요. 진단 평가부터 실전 받아쓰기까지 단계별로 받아쓰기 해결책을 제시하기 때문에 아이들이 쉽고 빠르게 받아쓰기를 완성할 수 있어요.

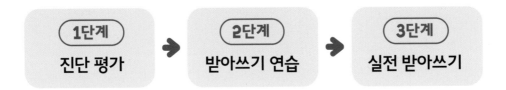

1단계 '진단 평가'에서는 본격적으로 받아쓰기를 공부하기에 앞서 자신의 현재 받아쓰기 실력이 어느 정도인지 확인해요. 2단계 '받아쓰기 연습'에서는 표준 발음과 한글 맞춤법의 원리를 익히며 본격적으로 낱말, 어구, 문장 받아쓰기 공부를 해요. 3단계 '실전 받아쓰기'에서는 다양한 어구와 문장을 쓰며 배운 내용을 실전에 적용해요..

2 전문가가 개발한 '두 번 불러 주기 방식' 적용, 전문 성우의 음성 파일 제공!

'나무', '바다'처럼 쉬운 글자를 잘 쓰는 아이도 '얼음', '숲에서'처럼 소리의 변화가 일어나는 말을 '어름', '수페서'로 소리 나는 대로 써서 틀리는 경우가 종종 있어요. 이 책은 이처럼 소리와 글자가 다를 때 아이들이 혼란을 겪는다는 점에 주목해 새롭게 개발한 불러 주기 방식을 적용했어요. 먼저 '[얼] / [음]'으로 한 글자씩 끊어 읽어 소리와 표기가 일치하게 불러 준 다음 정확한 표준 발음인 '[어름]'을 들려줘요. '얼음'을 한 글자씩 읽을 때의 소리대로 쓰면 표기를 틀리지 않는다는 점에 주목한 것이지요.

* 불러 주기 음성 파일은 전문 성우가 정확한 발음으로 녹음하였고, 책 속에 있는 QR 코드를 통해 손쉽게 확인할 수 있어요. 음성 파일은 '아하 한글' 앱에서도 들을 수 있으며, 창비교육 홈페이지에서도 다운받을 수 있어요.

3 틀리기 쉬운 글자부터 집중적으로! 맞춤법까지 완벽하게!

이 책은 받아쓰기를 처음 하는 학생들이 자주 틀리는 글자, 어려워하는 글자를 모아 집중적으로 연습하게 했어요. 소리가 비슷하거나 모양이 헷갈리는 글자를 구별하며 자주 틀리는 표기를 연습하기 때문에 빠르고 효율적으로 받아쓰기의 기본기를 다질 수 있어요. 또한 발음과 표기의 원리를 직관적으로 보여 주며 맞춤법을 무조건 외우게 하는 것이 아니라 원리를 통해 자연스럽게 익힐 수 있게 구성했어요. 그래서 1~3권을 차례로 공부하면 맞춤법을 완벽하게 익힐 수 있어요.

4 받아쓰기 자신감, 6주면 완성!

이 책은 수준에 따라 총 3권으로 구성되어 있어요. 1권에서는 'ㄱ, ㅋ, ㄲ'과 'ㅔ, ㅐ'처럼 구별하기 어려운 글자가 들어간 낱말과 문장을 익히고, 2권에서는 연음, 자음 동화 등 간단한 소리의 변화가 일어나는 낱말과 문장을, 3권에서는 구개음화 등 복잡한 소리의 변화가 일어나는 낱말과 문장을 정확히 쓰는 연습을 해요. 하루에 5장씩 6주면 낱말, 어구, 문장을 모두 공부할 수 있기 때문에 아이들이 혼자서도 자신감 있게 공부해 나갈 수 있어요!

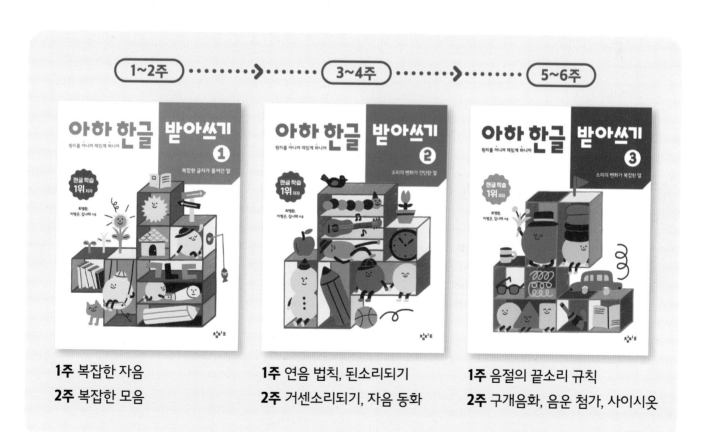

1주 복잡한 자음
2주 복잡한 모음

1주 연음 법칙, 된소리되기
2주 거센소리되기, 자음 동화

1주 음절의 끝소리 규칙
2주 구개음화, 음운 첨가, 사이시옷

이 책을 자세히 들여다볼까요?

1단계 · 진단 평가

진단 평가로 내가 잘하는 부분과 나의 부족한 부분을 확인해요.

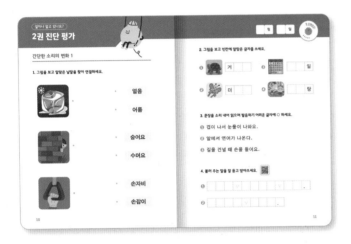

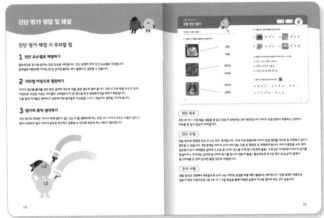

2단계 · 받아쓰기 연습

1. 틀리기 쉬운 글자부터 공부해요!

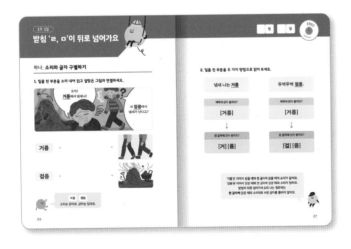

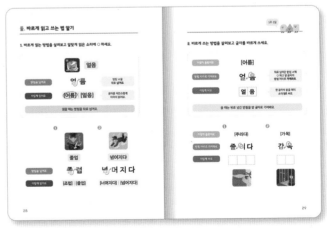

2. 낱말, 어구, 문장을 차례로 쓰며 하루 공부를 마무리해요!

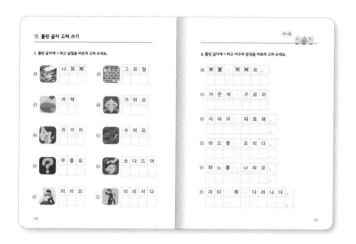

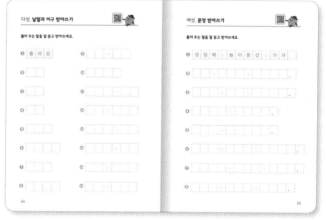

3단계 실전 받아쓰기

실전 받아쓰기 1, 2회로 한 주 동안 배운 내용을 실전에 적용해요!

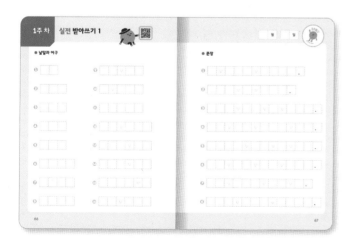

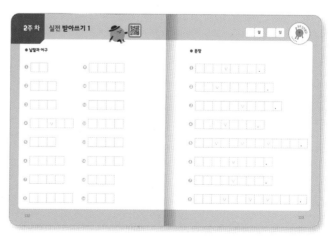

아하 한글 받아쓰기 ② 소리의 변화가 간단한 말

1주 →

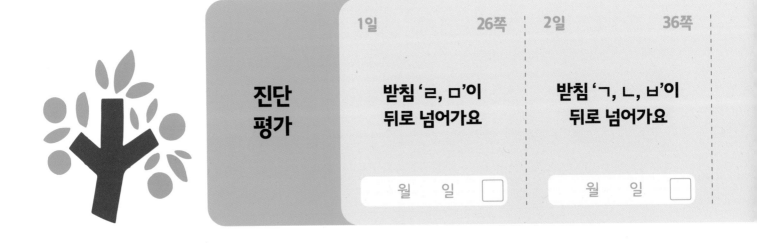

	1일 26쪽	2일 36쪽
진단 평가	받침 '2, ㅁ'이 뒤로 넘어가요	받침 'ㄱ, ㄴ, ㅂ'이 뒤로 넘어가요
	월 일 ☐	월 일 ☐

2주 →

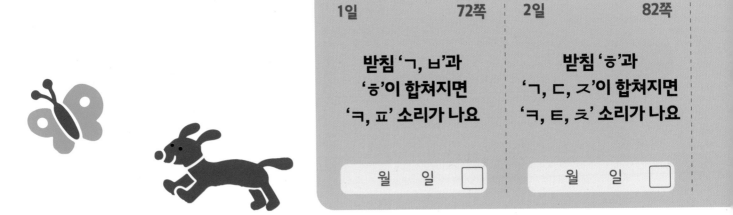

1일 72쪽	2일 82쪽
받침 'ㄱ, ㅂ'과 'ㅎ'이 합쳐지면 'ㅋ, ㅍ' 소리가 나요	받침 'ㅎ'과 'ㄱ, ㄷ, ㅈ'이 합쳐지면 'ㅋ, ㅌ, ㅊ' 소리가 나요
월 일 ☐	월 일 ☐

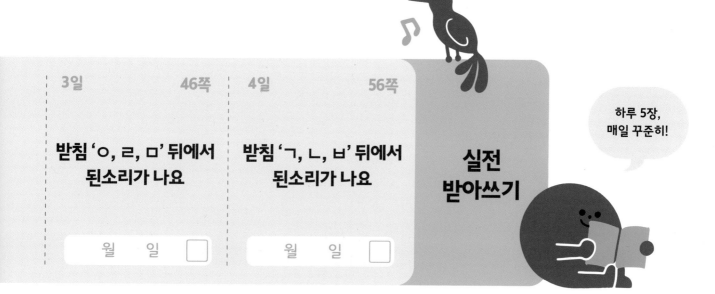

하루 5장,
매일 꾸준히!

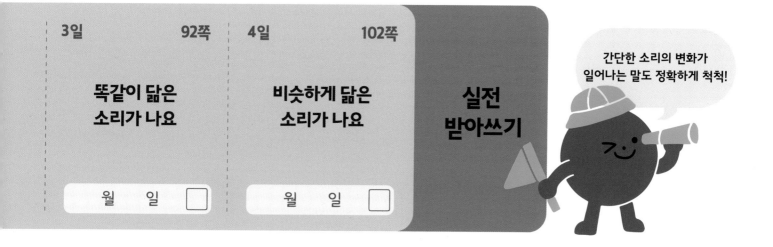

간단한 소리의 변화가
일어나는 말도 정확하게 척척!

받아쓰기 ❷

진단 평가

2권 진단 평가

간단한 소리의 변화 1

1. 그림을 보고 알맞은 낱말을 찾아 연결하세요.

얼음

어름

숨어요

수머요

손자비

손잡이

월 　 일

2. 그림을 보고 빈칸에 알맞은 글자를 쓰세요.

❶ 　거　　 ❸ 　　　일

❷ 　더　　 ❹ 　　탕

3. 문장을 소리 내어 읽으며 발음하기 어려운 글자에 ○ 하세요.

❶ 겁이 나서 눈물이 나와요.

❷ 알에서 연어가 나온다.

❸ 길을 건널 때 손을 들어요.

4. 불러 주는 말을 잘 듣고 받아쓰세요.

❶ 　　　∨　　　　∨　　.

❷ 　　　∨　　.

1. 그림을 보고 알맞은 낱말을 찾아 연결하세요.

탁자

탁짜

식땅

식당

물감

물깜

2. 그림을 보고 빈칸에 알맞은 글자를 쓰세요.

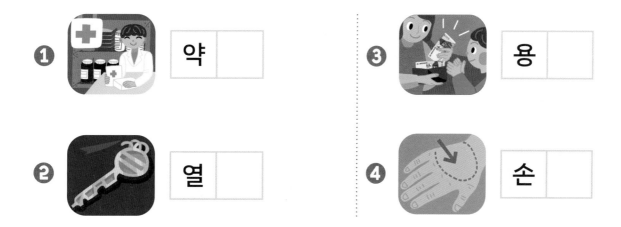

❶ 약�

❷ 열

❸ 용

❹ 손

3. 문장을 소리 내어 읽으며 발음하기 어려운 글자에 ○ 하세요.

❶ 알림장을 쓰자.

❷ 매콤한 낙지를 먹자.

❸ 오솔길에 보름달이 뜬다.

4. 불러 주는 말을 잘 듣고 받아쓰세요.

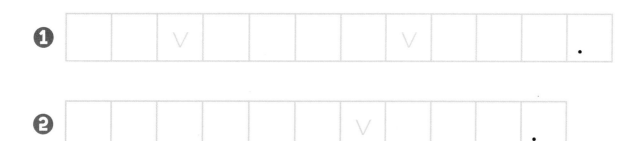

1. 그림을 보고 알맞은 낱말을 찾아 연결하세요.

좋다

조타

식혜

시켸

식물

싱물

2. 그림을 보고 빈칸에 알맞은 글자를 쓰세요.

❶ [　][　]

❷ [　] 마

❸ 줄 [　] 기

❹ [　] 물 관

3. 문장을 소리 내어 읽으며 발음하기 어려운 글자에 ○ 하세요.

❶ 장작을 쌓다.

❷ 노랗게 물든 개나리다.

❸ 숨겨 온 속마음을 들켜요.

4. 불러 주는 말을 잘 듣고 받아쓰세요.

❶ [　][　] ∨ [　][　] ∨ [　][　] .

❷ [　][　] ∨ [　][　] ∨ [　][　] .

3권 맛보기 진단 평가

복잡한 소리의 변화

1. 그림을 보고 알맞은 낱말을 찾아 연결하세요.

갓

갖

솔

솥

냇물

낻물

2. 그림을 보고 빈칸에 알맞은 글자를 쓰세요.

❶  | 연 | |

❷  | 무 | |

❸  | 지 | 하 | |

❹  | | 잔 |

3. 문장을 소리 내어 읽으며 발음하기 어려운 글자에 ○ 하세요.

❶ 길옆에 꽃이 피었다.

❷ 같이 하면 힘이 솟아나.

❸ 먼 훗날 돌이켜 보자.

4. 불러 주는 말을 잘 듣고 받아쓰세요.

❶

❷

진단 평가 채점 시 주의할 점

1 진단 요소별로 채점하기

붉은색으로 표시한 글자는 진단 요소를 나타냅니다. 진단 요령에 따라 진단 요소별로 채점합니다.
문제별로 채점하면 아이는 단 한 글자만 틀려도 모두 틀렸다고 실망할 수 있습니다.

2 100점 이상으로 칭찬하기

아이가 점수를 물어볼 경우 맞은 글자의 개수에 10을 곱한 점수로 알려 줍니다. 진단 도구의 채점 요소가 10개
이상으로 구성된 이유는 아이들이 100점보다 더 큰 점수를 받고 행복해지기를 바라기 때문입니다.
이를 통해 아이들은 받아쓰기 공부에 대한 즐거움과 자신감을 느끼고, 학습에도 열의를 가지게 됩니다.

3 평가의 목적 생각하기

진단 평가의 목적은 '아이가 현재 얼마나 알고 있는지'를 정확하게 아는 것입니다. 아이가 모르는 내용이 있다고
해서 나무라지 말고 아이가 앞으로 차근차근 공부할 수 있도록 북돋워 주는 태도가 필요합니다.

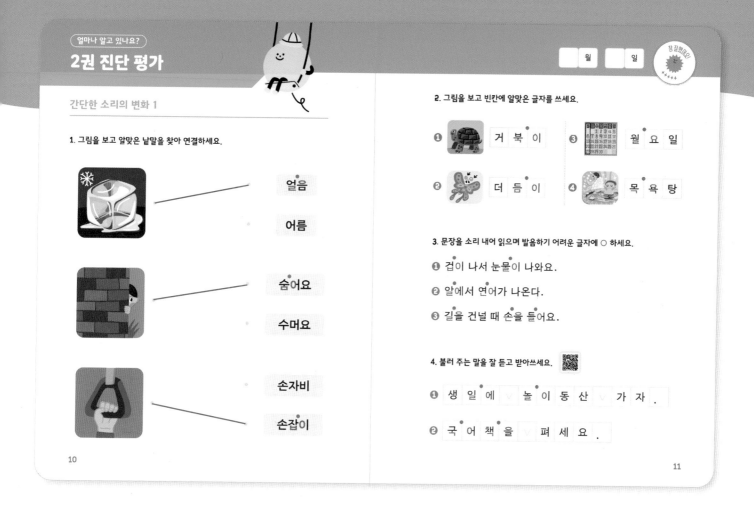

2권 진단 평가

월 일

참 잘했어요

간단한 소리의 변화 1

1. 그림을 보고 알맞은 낱말을 찾아 연결하세요.

얼음

어름

숨어요

수머요

손자비

손잡이

10

2. 그림을 보고 빈칸에 알맞은 글자를 쓰세요.

❶ 거 북 이

❸ 월 요 일

❷ 더 듬 이

❹ 목 욕 탕

3. 문장을 소리 내어 읽으며 발음하기 어려운 글자에 ○ 하세요.

❶ 겁이 나서 눈물이 나와요.

❷ 알에서 연어가 나온다.

❸ 길을 건널 때 손을 들어요.

4. 불러 주는 말을 잘 듣고 받아쓰세요.

❶ 생 일 에 ∨ 놀 이 동 산 ∨ 가 자 .

❷ 국 어 책 을 ∨ 펴 세 요 .

11

진단 목표

2권 1주 차 1~2일 학습 내용을 잘 알고 있는지 진단하는 것이 목표입니다. 아이가 연음 법칙이 적용되는 낱말이나 어구를 잘 알고 있는지 파악합니다.

진단 요령

연음 법칙과 관련된 진단 요소는 모두 18개입니다. 15개 이상 맞혔다면 아이가 연음 법칙을 대체로 잘 이해하고 있다고 판단할 수 있습니다. 3번 문제는 아이가 소리 내어 읽는 것을 잘 관찰한 후 채점해야 합니다. 아이가 문장을 소리 내어 읽으면서 읽기 어려웠던 글자에 스스로 동그라미 표시를 하게 합니다(교재 활용). 부모님은 지켜보면서 아이가 읽기를 망설이거나 주저하는 글자에 동그라미 표시를 합니다(정답지 활용). 붉은색으로 표시한 진단 요소(글자) 중에서 동그라미를 친 것이 있다면 틀린 것으로 채점합니다.

주의 사항

연음 법칙은 3권에서 대표음으로 소리 나는 어려운 받침을 배울 때도 활용되는 원리입니다. 연음 법칙이 적용되는 경우가 매우 다양하므로 2권 1주 차 1~2일 학습을 통해 다양한 낱말과 어구를 접하게 하는 것이 좋습니다.

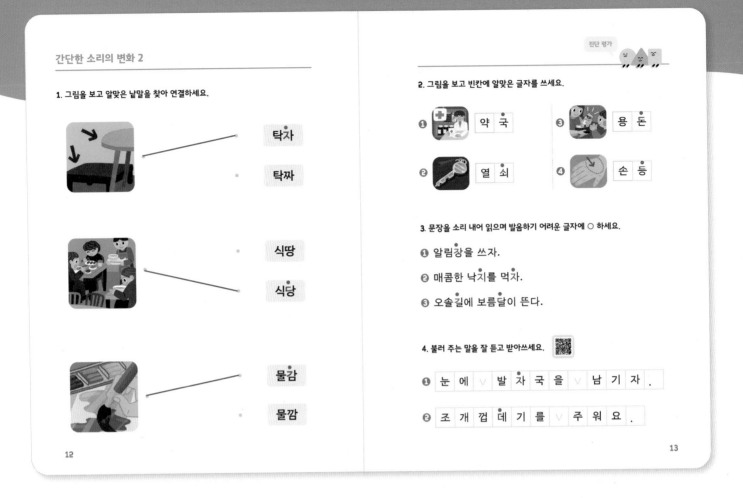

진단 목표

2권 1주 차 3~4일 학습 내용을 잘 알고 있는지 진단하는 것이 목표입니다. 아이가 된소리되기가 적용되는 낱말이나 어구를 잘 알고 있는지 파악합니다.

진단 요령

된소리되기와 관련된 진단 요소는 모두 14개입니다. 12개 이상 맞혔다면 아이가 된소리되기 현상을 대체로 잘 이해하고 있다고 판단할 수 있습니다. 3번 문제는 아이가 소리 내어 읽는 것을 잘 관찰한 후 채점해야 합니다. 아이가 문장을 소리 내어 읽으면서 읽기 어려웠던 글자에 스스로 동그라미 표시를 하게 합니다(교재 활용). 부모님은 지켜보면서 아이가 읽기를 망설이거나 주저하는 글자에 동그라미 표시를 합니다(정답지 활용). 붉은색으로 표시한 진단 요소(글자) 중에서 동그라미를 친 것이 있다면 틀린 것으로 채점합니다.

주의 사항

우리말에서 된소리되기가 일어나는 낱말은 매우 많기 때문에 그 원리를 이해하는 것이 중요합니다. 2권 1주 차 3~4일 학습을 통해 아이가 된소리되기가 적용되는 다양한 낱말을 공부하도록 이끌어 줍니다.

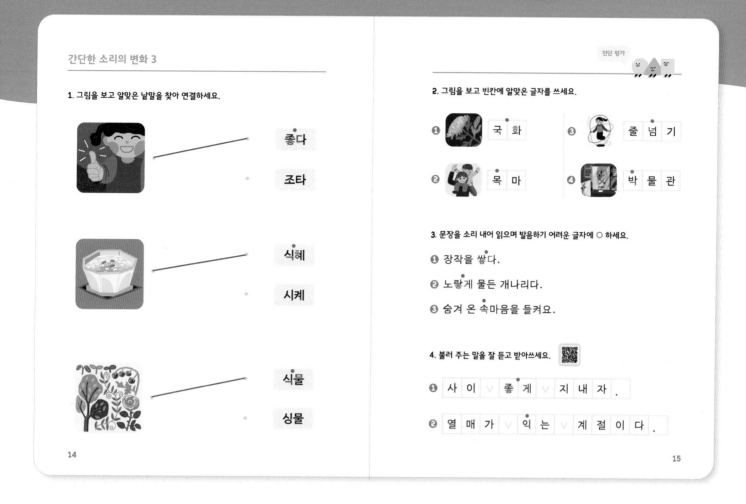

간단한 소리의 변화 3

1. 그림을 보고 알맞은 낱말을 찾아 연결하세요.

좋다

조타

식혜

시켸

식물

싱물

2. 그림을 보고 빈칸에 알맞은 글자를 쓰세요.

❶ 국 화
❸ 줄 넘 기
❷ 목 마
❹ 박 물 관

3. 문장을 소리 내어 읽으며 발음하기 어려운 글자에 ○ 하세요.

❶ 장작을 쌓다.

❷ 노랗게 물든 개나리다.

❸ 숨겨 온 속마음을 들켜요.

4. 불러 주는 말을 잘 듣고 받아쓰세요.

❶ 사 이 ∨ 좋 게 ∨ 지 내 자 .

❷ 열 매 가 ∨ 익 는 ∨ 계 절 이 다 .

14

15

진단 목표

2권 2주 차 학습 내용을 잘 알고 있는지 진단하는 것이 목표입니다. 아이가 거센소리되기와 자음 동화가 적용되는 낱말이나 어구를 잘 알고 있는지 파악합니다.

진단 요령

거센소리되기 및 자음 동화와 관련된 진단 요소는 모두 12개입니다. 10개 이상 맞혔다면 아이가 거센소리되기와 자음 동화 현상을 대체로 잘 이해하고 있다고 판단할 수 있습니다. 3번 문제는 아이가 소리 내어 읽는 것을 잘 관찰한 후 채점해야 합니다. 아이가 문장을 소리 내어 읽으면서 읽기 어려웠던 글자에 스스로 동그라미 표시를 하게 합니다(교재 활용). 부모님은 지켜보면서 아이가 읽기를 망설이거나 주저하는 글자에 동그라미 표시를 합니다(정답지 활용). 붉은색으로 표시한 진단 요소(글자) 중에서 동그라미를 친 것이 있다면 틀린 것으로 채점합니다.

주의 사항

거센소리되기는 그 원리가 비교적 명확하고 간결하기 때문에 원리를 알면 다양한 낱말에 적용하기 쉽습니다. 자음 동화의 원리는 난도가 높기 때문에 2권 2주 차 3~4일 학습을 통해 아이가 자음 동화가 일어나는 다양한 낱말을 접하게 이끌어 주는 것이 좋습니다.

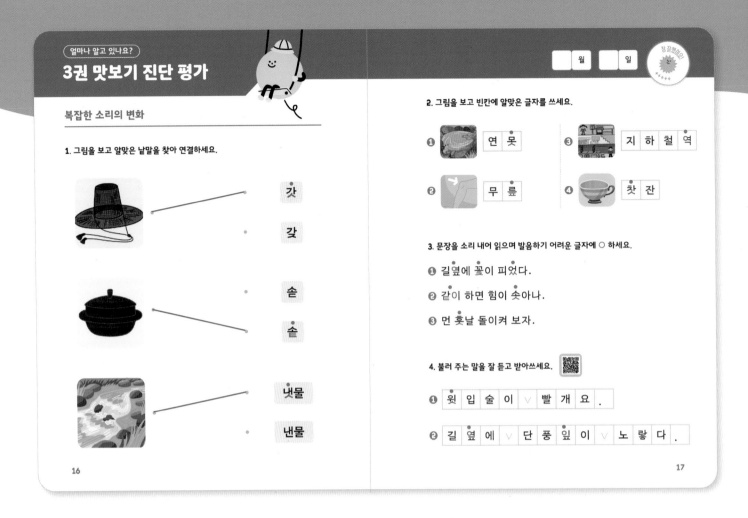

3권 맛보기 진단 평가

복잡한 소리의 변화

1. 그림을 보고 알맞은 낱말을 찾아 연결하세요.

갓

갇

솓

솥

냇물

낻물

2. 그림을 보고 빈칸에 알맞은 글자를 쓰세요.

❶ 연 못

❸ 지 하 철 역

❷ 무 릎

❹ 찻 잔

3. 문장을 소리 내어 읽으며 발음하기 어려운 글자에 ○ 하세요.

❶ 길옆에 꽃이 피었다.

❷ 같이 하면 힘이 솟아나.

❸ 먼 훗날 돌이켜 보자.

4. 불러 주는 말을 잘 듣고 받아쓰세요.

❶ 윗 입 술 이 ∨ 빨 개 요 .

❷ 길 옆 에 ∨ 단 풍 잎 이 ∨ 노 랗 다 .

16

17

진단 목표

3권에 대한 맛보기용 진단 도구입니다. 2권을 시작하기 전, 아이의 전반적인 실력 확인을 위해 활용하거나 2권 학습을 마친 후 3권 학습에 대한 동기 유발을 위해 활용할 수 있습니다.

받아쓰기 ②

1주

간단한 소리의 변화 1

받침 'ㄹ, ㅁ'이 뒤로 넘어가요

하나. 소리와 글자 구별하기

1. 밑줄 친 부분을 소리 내어 읽고 알맞은 그림과 연결하세요.

으악!
거름에서 냄새나!

내 **걸음**에서 냄새가 난다고?

거름 •

걸음 •

거름　걸음
소리는 같아요. 글자는 달라요.

2. 밑줄 친 부분을 두 가지 방법으로 읽어 보세요.

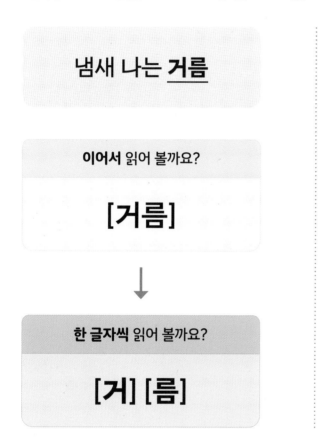

냄새 나는 **거름**

이어서 읽어 볼까요?

[거름]

↓

한 글자씩 읽어 볼까요?

[거] [름]

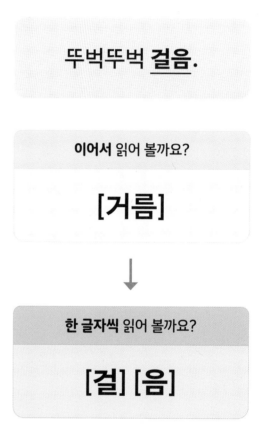

뚜벅뚜벅 **걸음**.

이어서 읽어 볼까요?

[거름]

↓

한 글자씩 읽어 볼까요?

[걸] [음]

'거름'은 이어서 읽을 때와 한 글자씩 읽을 때의 소리가 같아요.
'걸음'은 이어서 읽을 때와 한 글자씩 읽을 때의 소리가 달라요.
받침이 뒤로 넘어가서 소리 나는 경우에는
한 글자씩 읽을 때의 소리대로 쓰면 글자를 틀리지 않아요.

둘. 바르게 읽고 쓰는 법 알기

1. 바르게 읽는 방법을 살펴보고 알맞게 읽은 소리에 ○ 하세요.

2. 바르게 쓰는 방법을 살펴보고 글자를 바르게 쓰세요.

이렇게 들렸어요

[어름]

받침 자리로 가져와요

얼음

뒤로 넘어간 받침 ㄹ에 ○ 하고 앞 글자의 받침 자리로 **가져와요.**

이렇게 써요

얼	음

한 글자씩 읽을 때의 소리대로 써요.

쓸 때는 뒤로 넘긴 받침을 앞 글자로 가져와요.

❶

이렇게 들렸어요

[주리다]

받침 자리로 가져와요

줄이다

이렇게 써요

❷

[가목]

감옥

1. 받침이 무엇인지 생각하며 낱말을 바르게 쓰세요.

이렇게 들렸어요	[으막]
받침 자리로 가져와요	음 악
이렇게 써요	음 악

 ❶ [조 름]

 ❺ [더 드 미]
더

 ❷ [주 리 다]
　　다

 ❻ [너 머 요]
　　요

 ❸ [워 료 일]
　　일

 ❼ [다 마 요]
　　요

 ❹ [떠 러 지 다]
　　지 다

 ❽ [푸 머 요]
　　요

2. 어구와 문장을 소리 내어 읽고 색칠한 부분을 바르게 쓰세요.

소리 내어 읽어요　[검 은] 머리카락

이렇게 써요　| 검 | 은 | 머리카락

❶ 신나는 [노　리]

　신나는 |　|　|

❺ [이　르　믈] 써요.

　|　|　|　써요.

❷ [무　리] 흘러가요.

　|　|　흘러가요.

❻ [사　라　미] 지나가요.

　|　|　|　지나가요.

❸ 모퉁이를 [도　라　가　자].

　모퉁이를 |　|　|　|　.

❼ 그는 [새　미] 나서

　그는 |　|　나서

❹ 공이 [나　라　와].

　공이 |　|　|　.

❽ 여기 [다　마] 주세요.

　여기 |　|　주세요.

1. 틀린 글자에 ✕ 하고 낱말을 바르게 고쳐 쓰세요.

❶  나 ~~드~~ ~~러~~

❷  저 략

❸  귀 거 리

❹  무 름 표

❺  미 러 요

❻ 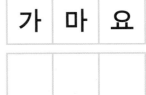 그 묘 일

❼  가 마 요

❽  수 머 요

❾  쓰 다 드 머

❿  이 러 서 다

2. 틀린 글자에 ✕ 하고 어구와 문장을 바르게 고쳐 쓰세요.

❶ | ~~쑤~~ | 물 | ∨ | ~~차~~ | ~~마~~ | 요 | . |

| | | ∨ | | | |

❷ | 거 | 믄 | 색 | ∨ | 구 | 르 | 미 |

| | | | ∨ | | | |

❸ | 사 | 라 | 미 | ∨ | 피 | 료 | 해 | . |

| | | | ∨ | | | . |

❹ | 마 | 으 | 믈 | ∨ | 조 | 리 | 다 | . |

| | | | ∨ | | | . |

❺ | 하 | 느 | 를 | ∨ | 나 | 라 | 요 | . |

| | | | ∨ | | | . |

❻ | 자 | 미 | ∨ | 확 | ∨ | 다 | 라 | 나 | 다 | . |

| | | ∨ | | ∨ | | | . |

불러 주는 말을 잘 듣고 받아쓰세요.

❶ | 줄 | 여 | 요 |

❷

❸

❹

❺

❻

❼

❽

❾

❿

⓫

⓬

⓭

⓮

⓯

⓰

여섯. 문장 받아쓰기

불러 주는 말을 잘 듣고 받아쓰세요.

❶ | 생 | 일 | 에 | ∨ | 놀 | 이 | 동 | 산 | ∨ | 가 | 자 | . |

❷ | | | ∨ | | | ∨ | | | | . |

❸ | | | ∨ | | ∨ | | | | . |

❹ | | | | ∨ | | | | . |

❺ | | | ∨ | | | | . |

❻ | | | ∨ | | | ∨ | | | | | . |

❼ | | | | ∨ | | | ∨ | | | . |

❽ | | | ∨ | | | ∨ | | . |

받침 'ㄱ, ㄴ, ㅂ'이 뒤로 넘어가요

하나. 소리와 글자 구별하기

1. 밑줄 친 부분을 소리 내어 읽고 알맞은 그림과 연결하세요.

목이
아프다.

모기
아파서
학교에
못 갔다.

모기
아프다.

모기 •

목이 •

모기   목이
소리는 같아요. 글자는 달라요.

2. 밑줄 친 부분을 두 가지 방법으로 읽어 보세요.

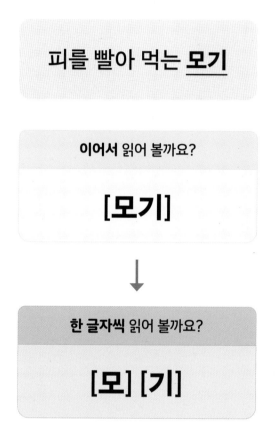

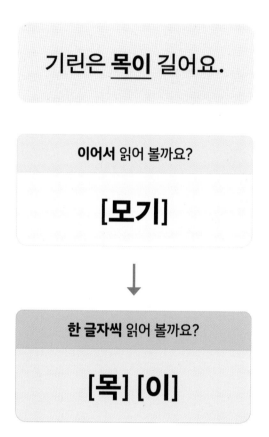

'모기'는 이어서 읽을 때와 한 글자씩 읽을 때의 소리가 같아요.
'목이'는 이어서 읽을 때와 한 글자씩 읽을 때의 소리가 달라요.
받침이 뒤로 넘어가서 소리 나는 경우에는
한 글자씩 읽을 때의 소리대로 쓰면 글자를 틀리지 않아요.

둘. 바르게 읽고 쓰는 법 알기

1. 바르게 읽는 방법을 살펴보고 알맞게 읽은 소리에 ○ 하세요.

	먹이
받침을 넘겨요	먹기	받침 ㄱ을 뒤로 **넘겨요.**
이렇게 읽어요	[머기] ｜ [먹이]	글자를 자연스럽게 이어서 읽어요.

읽을 때는 받침을 뒤로 넘겨요.

	❶ 인어	❷ 밥알
받침을 넘겨요	인너	밥발
이렇게 읽어요	[이너] ｜ [인너]	[밥알] ｜ [바발]

2. 바르게 쓰는 방법을 살펴보고 글자를 바르게 쓰세요.

이렇게 들렸어요

[머기]

받침 자리로 가져와요

먹이

뒤로 넘어간 받침 ㄱ에
○ 하고 앞 글자의
받침 자리로 **가져와요.**

이렇게 써요

| 먹 | 이 |

한 글자씩 읽을 때의
소리대로 써요.

쓸 때는 뒤로 넘긴 받침을 앞 글자로 가져와요.

❶

이렇게 들렸어요

[여너]

받침 자리로 가져와요

연어

이렇게 써요

❷

[지반]

집안

1. 받침이 무엇인지 생각하며 낱말을 바르게 쓰세요.

이렇게 들렸어요 [이반]

받침 자리로 가져와요 입안

이렇게 써요

| 입 | 안 |

❶ [모 교 일]

| | | 일 |

❷ [거 부 기]

| 거 | | |

❸ [끄 더 기 다]

| 끄 | | 다 |

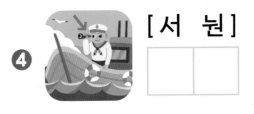
❹ [서 눠]

| | |

❺ [부 뉴]

| | |

❻ [구 닌]

| | |

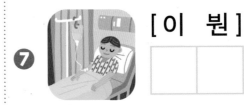
❼ [이 붠]

| | |

❽ [손 자 비]

| 손 | | |

2. 어구와 문장을 소리 내어 읽고 색칠한 부분을 바르게 쓰세요.

소리 내어 읽어요   [나 겨 비] 우수수

이렇게 써요 | 낙 | 엽 | 이 | 우수수

❶ [구 거] 시간이다.

| | | 시간이다.

❷ [채 글] 펴세요.

| | | 펴세요.

❸ [어 리 니] 여러분

| | | | 여러분

❹ [거 비] 나요.

| | | 나요.

❺ [계 회 글] 세워

| | | | 세워

❻ [수 주 븐] 아이

| | | | 아이

❼ [병 워 니] 어디예요?

| | | | 어디예요?

❽ [길 자 비 가] 되어

| | | | | 되어

넷. 틀린 글자 고쳐 쓰기

1. 틀린 글자에 ✕ 하고 낱말을 바르게 고쳐 쓰세요.

① 인 녀

② 구 거 책

③  어 버 요

④  자 가 요

⑤  자 바 요

⑥  하 녹

⑦  모 곡 탕

⑧  마 누 절

⑨  반 짜 기 다

⑩  뒤 저 기 다

2. 틀린 글자에 ✕ 하고 어구와 문장을 바르게 고쳐 쓰세요.

❶ ~~쪼~~ ~~니~~ 너무 끈 ~~져~~ ~~지~~ 네 .

　　　　너무　　　　　　　.

❷ 오늘 이 븐 바지는 파 란 새 기 야 .

오늘　　　바지는　　　　　　　.

❸ 하 권 가서 등 로 글 해요.

　　　가서　　　　해요.

❹ 하 공 품 도 교 화 니 돼요.

　　　　도　　　　돼요.

❺ 나 겨 블 빨리 자 브 려 고

　　　　빨리　　　

❻ 거 부 기 가 천천히 움 지 겨 요 .

　　　　가 천천히　　　　　.

불러 주는 말을 잘 듣고 받아쓰세요.

❶ | 직 | 업 |

❷

❸

❹

❺

❻

❼

❽

❾

❿

⓫

⓬

⓭

⓮

⓯

⓰

여섯. 문장 받아쓰기

불러 주는 말을 잘 듣고 받아쓰세요.

❶ | 국 | 어 | 책 | 을 | ∨ | 펴 | 세 | 요 | . |

❷

❸

❹

❺

❻ | | | ∨ | | | ? |

❼

❽

받침 'ㅇ, ㄹ, ㅁ' 뒤에서 된소리가 나요

하나. 소리와 글자 구별하기

1. 밑줄 친 부분을 소리 내어 읽고 알맞은 그림과 연결하세요.

저기 **<u>등불</u>**이 있어!

<u>등 뿔</u>?

등 뿔 •

등불 •

등 뿔   등불
소리는 같아요. 글자는 달라요.

ㄲ[끄], ㄸ[뜨], ㅃ[쁘], ㅆ[쓰], ㅉ[쯔]처럼 강하게 나는 소리를 된소리라고 불러요.

2. 밑줄 친 부분을 두 가지 방법으로 읽어 보세요.

뾰족한 <u>등 뿔</u>	초롱초롱한 <u>등불</u>
이어서 읽어 볼까요?	**이어서** 읽어 볼까요?
[등뿔]	[등뿔]
↓	↓
한 글자씩 읽어 볼까요?	**한 글자씩** 읽어 볼까요?
[등] [뿔]	[등] [불]

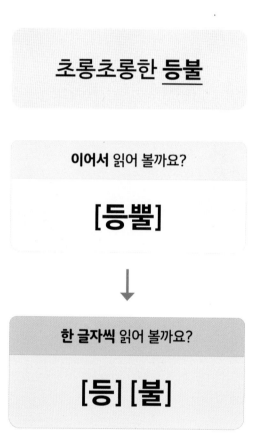

'등 뿔'은 이어서 읽을 때와 한 글자씩 읽을 때의 소리가 같아요.
'등불'은 이어서 읽을 때와 한 글자씩 읽을 때의 소리가 달라요.
된소리가 나는 경우에는
한 글자씩 읽을 때의 소리대로 쓰면 글자를 틀리지 않아요.

둘. 바르게 읽고 쓰는 법 알기

1. 바르게 읽는 방법을 살펴보고 알맞게 읽은 소리에 ○ 하세요.

용돈

된소리가 나요   용ᄃ돈   디[드]가 ㄸ[뜨]로 소리 나요.

이렇게 읽어요   [용돈] | [용똔]   글자를 자연스럽게 이어서 읽어요.

읽을 때는 된소리가 나요.

❶

글자

된소리가 나요   글ᄌ자

이렇게 읽어요   [글짜] | [글자]

❷

넘다

된소리가 나요   넘ᄃ다

이렇게 읽어요   [넘다] | [넘따]

48

2. 바르게 쓰는 방법을 살펴보고 글자를 바르게 쓰세요.

이렇게 들렸어요	[용똔]	
기본 글자로 만들어요	용똔	ㄸ의 첫 ㄷ에 X 해서 ㄷ으로 만들어요.
이렇게 써요	용 돈	한 글자씩 읽을 때의 소리대로 써요.

쓸 때는 기본 글자로 만들어요.

❶

❷

이렇게 들렸어요	[실빱]	[숨따]
기본 글자로 만들어요	실 빱	숨 따
이렇게 써요		

셋. 바르게 읽고 쓰기

1. 어떤 낱말의 발음인지 생각하며 글자를 바르게 쓰세요.

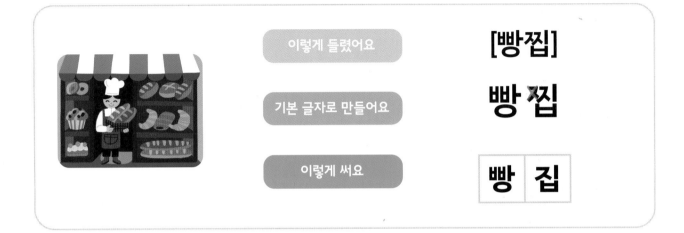

이렇게 들렸어요	[빵찝]
기본 글자로 만들어요	빵찝
이렇게 써요	빵 집

❶ 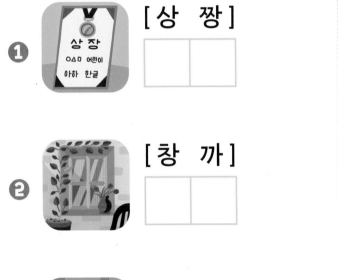 [상 짱]

❷ [창 까]

❸  [된 장 꾹]　된

❹  [심 따]

❺ 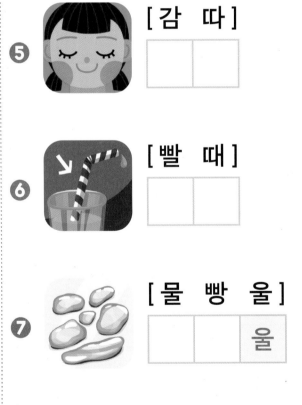 [감 따]

❻ [빨 때]

❼ [물 빵 울]　울

❽  [돌 떵 어 리]　어 리

2. 어구와 문장을 소리 내어 읽고 색칠한 부분을 바르게 쓰세요.

> 소리 내어 읽어요 [강 까]로 가요.
>
> 이렇게 써요 강 가 로 가요.

❶ [글 짜] 쓰기

☐☐ 쓰기

❷ [불 낄]이 번져요.

☐☐ 이 번져요.

❸ [장 빠 구 니] 들고

☐☐☐☐ 들고

❹ 추위를 [참 따].

추위를 ☐☐ .

❺ [아 침 빱] 먹어.

☐☐☐ 먹어.

❻ 고양이 [발 짜 국]

고양이 ☐☐☐

❼ [초 승 딸]이 예뻐요.

☐☐☐ 이 예뻐요.

❽ 어려운 [뺄 쎔]

어려운 ☐☐

넷. 틀린 글자 고쳐 쓰기

1. 틀린 글자에 ✕ 하고 낱말을 바르게 고쳐 쓰세요.

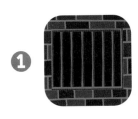 ❶ | 창 | ~~쌀~~ |

 ❻ | 물 | 껼 |

 ❷ | 땔 | 깜 |

 ❼ | 밤 | 빠 | 다 |

 ❸ | 열 | 씌 |

 ❽ | 돌 | 뿌 | 리 |

 ❹ | 콩 | 까 | 루 |

 ❾ | 오 | 솔 | 낄 |

 ❺ | 알 | 림 | 짱 |

 ❿ | 종 | 쏘 | 리 |

2. 틀린 글자에 ✕ 하고 어구와 문장을 바르게 고쳐 쓰세요.

❶ 발 ✖ 닥 이 온통 검 ✖ .

　　　　이 온통 　　.

❷ 궁 금 쯩 을 못 참는 성 껵

　　　　을 못 참는 　　

❸ 밤 낄 에 만난 커다란 보 름 딸

　　　　에 만난 커다란 　　　

❹ 물 짠 에 물이 남 따 .

　　　　에 물이 　　.

❺ 솔 빵 울 따러 가자.

　　　　따러 가자.

❻ 비 빔 빱 이랑 냉 꾹 주세요.

　　　　이랑 　　 주세요.

다섯. 낱말과 어구 받아쓰기

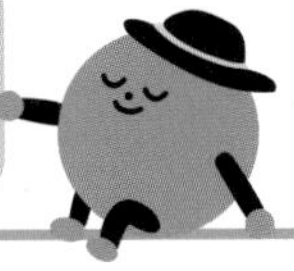

불러 주는 말을 잘 듣고 받아쓰세요.

① 활 동

②

③

④

⑤

⑥

⑦

⑧

⑨

⑩

⑪

⑫

⑬

⑭

⑮

⑯

불러 주는 말을 잘 듣고 받아쓰세요.

❶ | 눈 | 에 | ∨ | 발 | 자 | 국 | 을 | ∨ | 남 | 기 | 자 | . |

❷ .

❸ .

❹ .

❺ ?

❻ .

❼ .

❽ !

받침 'ㄱ, ㄴ, ㅂ' 뒤에서 된소리가 나요

하나. 소리와 글자 구별하기

1. 밑줄 친 부분을 소리 내어 읽고 알맞은 그림과 연결하세요.

국 짜 •

국자 •

 국 짜   국자
소리는 같아요. 글자는 달라요.

56

2. 밑줄 친 부분을 두 가지 방법으로 읽어 보세요.

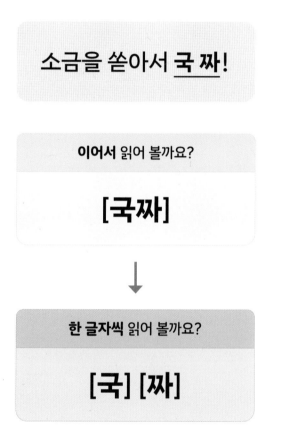

소금을 쏟아서 <u>국 짜</u>!

이어서 읽어 볼까요?

[국짜]

↓

한 글자씩 읽어 볼까요?

[국] [짜]

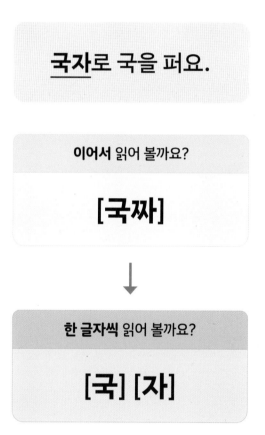

<u>국자</u>로 국을 퍼요.

이어서 읽어 볼까요?

[국짜]

↓

한 글자씩 읽어 볼까요?

[국] [자]

'국 짜'는 이어서 읽을 때와 한 글자씩 읽을 때의 소리가 같아요.
'국자'는 이어서 읽을 때와 한 글자씩 읽을 때의 소리가 달라요.
된소리가 나는 경우에는
한 글자씩 읽을 때의 소리대로 쓰면 글자를 틀리지 않아요.

둘. 바르게 읽고 쓰는 법 알기

1. 바르게 읽는 방법을 살펴보고 알맞게 읽은 소리에 ○ 하세요.

약국

| 된소리가 나요 | 약국 | ㄱ[그]가 ㄲ[끄]로 소리 나요. |
| 이렇게 읽어요 | [약국] \|[약꾹] | 글자를 자연스럽게 이어서 읽어요. |

읽을 때는 된소리가 나요.

①

손등

손뜽

| 된소리가 나요 | 손뜽 |
| 이렇게 읽어요 | [손등] \| [손뜽] |

②

접시

접씨

| 된소리가 나요 | 접씨 |
| 이렇게 읽어요 | [접시] \| [접씨] |

2. 바르게 쓰는 방법을 살펴보고 글자를 바르게 쓰세요.

이렇게 들렸어요　　　**[약꾹]**

기본 글자로 만들어요　　　**약꾹**　　　ㄲ의 첫 ㄱ에
　　　　　　　　　　　　　　X 해서 ㄱ으로 만들어요.

이렇게 써요　　　| 약 | 국 |　　　한 글자씩 읽을 때의
　　　　　　　　　　　　　　소리대로 써요.

쓸 때는 기본 글자로 만들어요.

❶　　　　　　　　　　**❷**

이렇게 들렸어요　　　**[눈싸람]**　　　**[입쑬]**

기본 글자로 만들어요　　　**눈싸람**　　　**입쑬**

이렇게 써요

셋. 바르게 읽고 쓰기

1. 어떤 낱말의 발음인지 생각하며 글자를 바르게 쓰세요.

이렇게 들렸어요   [낙찌]

기본 글자로 만들어요   낙찌

이렇게 써요   낙 지

❶ [박 쑤]

❷ [탁 짜]

❸ [먹 꾸 름]   름

❹ [돈 쭈 머 니]   머 니

❺ [손 끔]

❻ [문 꼬 리]   리

❼ [맵 따]

❽ [춥 따]

2. 어구와 문장을 소리 내어 읽고 색칠한 부분을 바르게 쓰세요.

> 소리 내어 읽어요   **[학 꾜]** 종이 땡땡땡
>
> 이렇게 써요   **학 교** 종이 땡땡땡

❶ [백 꽈 사 전]을 보자.

　　　　　　　　　을 보자.

❷ [북 쏘 리]가 울려요.

　　　　　　가 울려요.

❸ [손 빠 닥]이 아파.

　　　　　　이 아파.

❹ [눈 뚜 덩 이]에 살포시

　　　　　　　에 살포시

❺ [약 쑤 터]에 가요.

　　　　　　에 가요.

❻ [눈 꿈 자]로 재요.

　　　　　　로 재요.

❼ 도둑을 [잡 따].

　도둑을 　　　　.

❽ [책 짱]을 들어요.

　　　　을 들어요.

61

넷. 틀린 글자 고쳐 쓰기

1. 틀린 글자에 × 하고 낱말을 바르게 고쳐 쓰세요.

①  독 ~~또~~

②  탁 꾸

③  백 뚜 산

④  색 쫑 이

⑤  껍 떼 기

⑥  입 짱

⑦  식 땅

⑧  액 짜

⑨  산 꼴 짜 기

⑩  숨 바 꼭 찔

2. 틀린 글자에 × 하고 어구와 문장을 바르게 고쳐 쓰세요.

❶ | 옥 | ✕ | 수 | 찌고 | 껍 | ✕ | 버려요.

　| | | | 찌고 | | | 버려요.

❷ | 접 | 씨 | 에 하얀 | 백 | 썰 | 기 | 를 담아서

　| | | 에 하얀 | | | | 를 담아서

❸ | 문 | 꼬 | 리 | 가 너무 | 무 | 겁 | 따 | .

　| | | | 가 너무 | | | | .

❹ | 떡 | 꾹 | 도 이제 | 지 | 겹 | 따 | .

　| | | 도 이제 | | | | .

❺ | 숙 | 쩨 | 하기로 | 약 | 쏙 | !

　| | | 하기로 | | | !

❻ | 극 | 짱 | 에서 | 시 | 끄 | 럽 | 께 | 하면 안 돼요.

　| | | 에서 | | | | | 하면 안 돼요.

불러 주는 말을 잘 듣고 받아쓰세요.

❶ 축 구

❷

❸

❹

❺

❻

❼

❽

❾

❿

⓫

⓬

⓭

⓮

⓯

⓰

여섯. 문장 받아쓰기

불러 주는 말을 잘 듣고 받아쓰세요.

❶ | 조 | 개 | 껍 | 데 | 기 | 를 | ∨ | 주 | 워 | 요 | . |

❷ | | | | ∨ | | ∨ | | | . |

❸ | | | | ∨ | | ∨ | | | ! |

❹ | | | | | ∨ | | | . |

❺ | | ∨ | | | ∨ | | . |

❻ | | | | ∨ | | ? |

❼ | | | | ∨ | | . |

❽ | | | ∨ | | ∨ | | ∨ | | | . |

● 낱말과 어구

① 　　

② 　　　

③ 　　　

④ 　　　

⑤ 　　　

⑥ 　　　　

⑦ 　　　　

⑧ 　　　　

⑨ 　　∨　

⑩ 　∨　　

⑪ 　　　　

⑫ 　　∨　　

⑬ 　　　∨　

⑭ 　　　∨　

⑮ 　　　　∨　

⑯ 　　∨

● 문장

①

②

③

④

⑤

⑥

⑦

● **낱말과 어구**

①

②

③

④

⑤

⑥

⑦

⑧

⑨

⑩

⑪

⑫

⑬

⑭

⑮

⑯

● 문장

❶ | | | V | | V | ! |

❷ | | | | V | | | . |

❸ | | | | V | | V | V | | . |

❹ | | V | | | V | | . |

❺ | | | V | | V | | . |

❻ | | | | V | | V | | | . |

❼ | | | | V | | V | | . |

❽ | | V | | | V | | | . |

받아쓰기 ❷

받침 'ㄱ, ㅂ'과 'ㅎ'이 합쳐지면 'ㅋ, ㅍ' 소리가 나요

하나. 소리와 글자 구별하기

1. 밑줄 친 부분을 소리 내어 읽고 알맞은 그림과 연결하세요.

호빵 **식혀** 먹게 접시 좀 가져와.

왜 자꾸 나한테만 **시켜**!

시켜요 •

식혀요 •

시켜요   식혀요
소리는 같아요. 글자는 달라요.

ㅋ[크], ㅌ[트], ㅍ[프], ㅊ[츠]처럼
거칠게 나는 소리를
거센소리라고 불러요.

2. 밑줄 친 부분을 두 가지 방법으로 읽어 보세요.

심부름을 **시켜요.**	호호 불어 **식혀요.**
이어서 읽어 볼까요?	**이어서** 읽어 볼까요?
[시켜요]	[시켜요]
↓	↓
한 글자씩 읽어 볼까요?	**한 글자씩** 읽어 볼까요?
[시] [켜] [요]	[식] [혀] [요]

'시켜요'는 이어서 읽을 때와 한 글자씩 읽을 때의 소리가 같아요.
'식혀요'는 이어서 읽을 때와 한 글자씩 읽을 때의 소리가 달라요.
받침 'ㄱ, ㅂ'과 'ㅎ'이 합쳐져서 거센소리가 나는 경우에는
한 글자씩 읽을 때의 소리대로 쓰면 글자를 틀리지 않아요.

둘. 바르게 읽고 쓰는 법 알기

1. 바르게 읽는 방법을 살펴보고 알맞게 읽은 소리에 ○ 하세요.

축하

| 소리가 합쳐져요 | 축하 | 받침 ㄱ과 ㅎ이 **합쳐져서** ㅋ[크] 소리가 나요. |
| 이렇게 읽어요 | [축하] [추카] | 글자를 자연스럽게 이어서 읽어요. |

읽을 때는 소리가 합쳐져요.

❶

박하

| 소리가 합쳐져요 | 박하 |
| 이렇게 읽어요 | [박하] \| [바카] |

❷

급행

| 소리가 합쳐져요 | 급행 |
| 이렇게 읽어요 | [급행] \| [그팽] |

받침 ㅂ과 ㅎ이 **합쳐져서** ㅍ[프] 소리가 나요.

2. 바르게 쓰는 방법을 살펴보고 글자를 바르게 쓰세요.

이렇게 들렸어요	[추카]
합쳐진 소리를 나누어요	추+ㄱ ㅎ+ㅏ ㅋ을 받침 ㄱ과 ㅎ으로 **나누어요.**
이렇게 써요	축 하 한 글자씩 읽을 때의 소리대로 써요.

쓸 때는 합쳐진 소리를 나누어요.

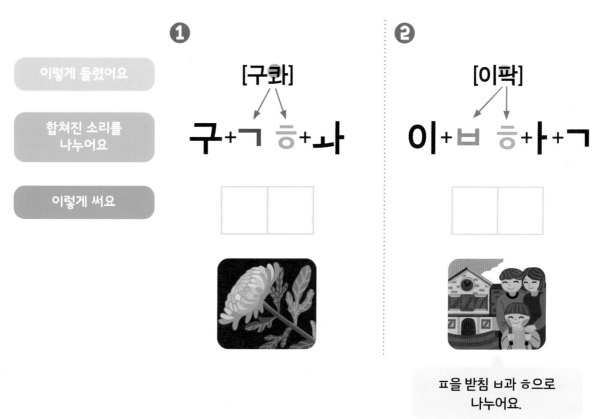

❶

이렇게 들렸어요 — [구콰]

합쳐진 소리를 나누어요 — 구+ㄱ ㅎ+ㅘ

이렇게 써요

❷

[이팍]

이+ㅂ ㅎ+ㅏ+ㄱ

ㅍ을 받침 ㅂ과 ㅎ으로 나누어요.

셋. 바르게 읽고 쓰기

1. 어떤 낱말의 발음인지 생각하며 글자를 바르게 쓰세요.

이렇게 들렸어요 [시켸]

합쳐진 소리를 나누어요 시+ㄱ ㅎ+ㅖ

이렇게 써요 식 혜

❶ [벼 콰]

☐ ☐

ㅋ을 받침 ㄱ과 ㅎ으로 나누어요.

❷ [마 키 다]

☐ ☐ 다

❸ [시 키 다]

☐ ☐ 다

❹ [구 피 다]

☐ ☐ 다

ㅍ을 받침 ㅂ과 ㅎ으로 나누어요.

❺ [뽀 피 다]

☐ ☐ 다

❻ [어 피 다]

☐ ☐ 다

2. 어구와 문장을 소리 내어 읽고 색칠한 부분을 바르게 쓰세요.

소리 내어 읽어요   크게 [**다 파 다**].

이렇게 써요   크게 | **답** | **하** | **다** |.

❶ [**침 차 칸**] 사람

| | | | 사람

❷ [**가 드 키**] 차다.

| | | | 차다.

❸ 나는 [**정 지 카 다**].

나는 | | | | | .

❹ 그는 [**차 카 다**].

그는 | | | .

❺ 날씨가 [**스 파 다**].

날씨가 | | | | .

❻ 차이를 [**조 피 다**].

차이를 | | | | .

❼ 아기를 [**누 피 고**]

아기를 | | | |

❽ 술래에게 [**자 피 고**]

술래에게 | | | |

넷. 틀린 글자 고쳐 쓰기

1. 틀린 글자에 × 하고 낱말을 바르게 고쳐 쓰세요.

①  가 ~~드~~ ~~커~~ 다

⑥  지 팝

②  모 교 카 다

⑦  흐 펼

③  찐 드 카 다

⑧  씨 펴 요

④ 어 두 카 다

⑨  저 펴 요

⑤  딱 따 카 다

⑩  그 파 다

2. 틀린 글자에 × 하고 어구와 문장을 바르게 고쳐 쓰세요.

❶ 공손하게 | 부 | ~~터~~ | ~~커~~ | 다 .

　 공손하게 | | | | .

❷ 그때를 | 기 | 어 | 캐 .

　 그때를 | | | .

❸ 이미 | 시 | 자 | 칸 | 경기

　 이미 | | | 경기

❹ 마음이 | 갑 | 까 | 패 | 요 .

　 마음이 | | | | .

❺ 나한테 | 어 | 펴 | 서

　 나한테 | | |

❻ 인형에게 옷을 | 이 | 펴 | 요 .

　 인형에게 옷을 | | | .

불러 주는 말을 잘 듣고 받아쓰세요.

1 박 하

2

3

4

5

6

7

8

9

10

11

12

13

14

15

16

불러 주는 말을 잘 듣고 받아쓰세요.

❶ | 오 | 래 | 오 | 래 | ∨ | 간 | 직 | 하 | 자 | . |

❷

❸

❹

❺

❻

❼

❽

받침 'ㅎ'과 'ㄱ, ㄷ, ㅈ'이 합쳐지면 'ㅋ, ㅌ, ㅊ' 소리가 나요

하나. 소리와 글자 구별하기

1. 밑줄 친 부분을 소리 내어 읽고 알맞은 그림과 연결하세요.

조치 •

좋지 •

 조치　좋지
소리는 같아요. 글자는 달라요.

받침 ㅎ은 뒤에 오는 글자와
합쳐져서 저마다 다르게 소리가 나요.

2. 밑줄 친 부분을 두 가지 방법으로 읽어 보세요.

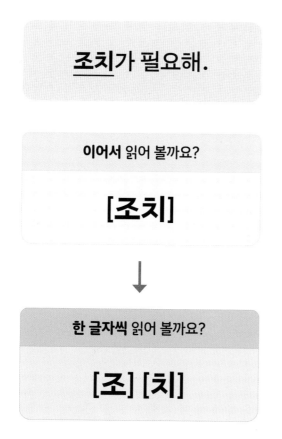

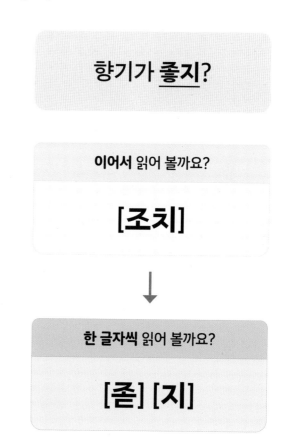

'조치'는 이어서 읽을 때와 한 글자씩 읽을 때의 소리가 같아요.
'좋지'는 이어서 읽을 때와 한 글자씩 읽을 때의 소리가 달라요.
받침 'ㅎ'과 'ㄱ, ㄷ, ㅈ'이 합쳐져서 거센소리가 나는 경우에는
한 글자씩 읽을 때의 소리를 생각하며 글씨를 써요.

둘. 바르게 읽고 쓰는 법 알기

1. 바르게 읽는 방법을 살펴보고 알맞게 읽은 소리에 ○ 하세요.

쌓다

소리가 합쳐져요   쌓 다

받침 ㅎ과 ㄷ이 **합쳐져서** ㅌ[트] 소리가 나요.

이렇게 읽어요   [쌑다] | [싸타]

글자를 자연스럽게 이어서 읽어요.

읽을 때는 소리가 합쳐져요.

❶

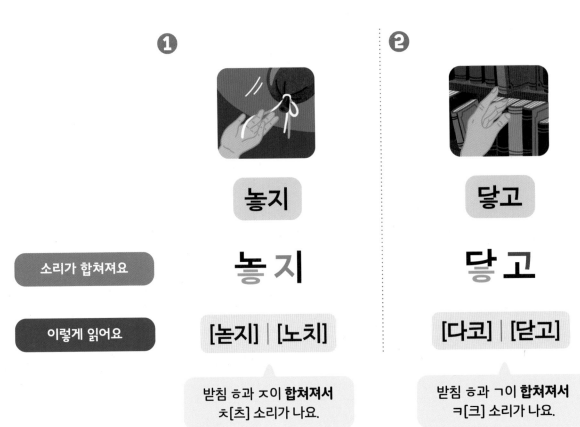

놓지

소리가 합쳐져요   놓지

이렇게 읽어요   [녿지] | [노치]

받침 ㅎ과 ㅈ이 **합쳐져서** ㅊ[츠] 소리가 나요.

❷

닿고

닿고

[다코] | [닫고]

받침 ㅎ과 ㄱ이 **합쳐져서** ㅋ[크] 소리가 나요.

2. 바르게 쓰는 방법을 살펴보고 글자를 바르게 쓰세요.

이렇게 들렸어요

합쳐진 소리를 나누어요

이렇게 써요

[싸타]

싸 + ㅎ ㄷ + ㅏ

ㅌ을 받침 ㅎ과 ㄷ으로 **나누어요.**

쌓	다

한 글자씩 읽을 때의 소리대로 써요.

쓸 때는 합쳐진 소리를 나누어요.

❶

❷

이렇게 들렸어요

합쳐진 소리를 나누어요

이렇게 써요

[노치]

노 + ㅎ ㅈ + ㅣ

[다코]

다 + ㅎ ㄱ + ㅗ

ㅊ을 받침 ㅎ과 ㅈ으로 **나누어요.**

ㅋ을 받침 ㅎ과 ㄱ으로 **나누어요.**

셋. 바르게 읽고 쓰기

1. 어떤 낱말의 발음인지 생각하며 글자를 바르게 쓰세요.

이렇게 들렸어요 **[찌치]**

합쳐진 소리를 나누어요 찌+ㅎ ㅈ+ㅣ

이렇게 써요 찔 지

---

❶ [조 타]

□ □

ㅌ을 받침 ㅎ과 ㄷ으로 나누어요.

❷  [노 라 치]

노 □ □

ㅊ을 받침 ㅎ과 ㅈ으로 나누어요.

❸  [동 그 라 치]

동 그 □ □

---

❹  [빨 가 코]

빨 □ □

ㅋ을 받침 ㅎ과 ㄱ으로 나누어요.

❺ [하 야 케]

하 □ □

❻ 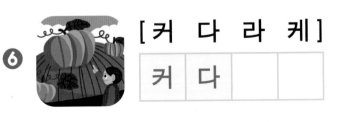 [커 다 라 케]

커 다 □ □

2. 어구와 문장을 소리 내어 읽고 색칠한 부분을 바르게 쓰세요.

> 소리 내어 읽어요   머리를 [**따 코**]
>
> 이렇게 써요   머리를 **딸 고**

① 마음이 [**이 러 타**].

마음이 ☐ ☐ ☐ .

② 절구에 [**빠 타**].

절구에 ☐ ☐ .

③ 강물이 [**파 라 치**].

강물이 ☐ ☐ ☐ .

④ [**그 러 치**], 그거야!

☐ ☐ ☐ , 그거야!

⑤ 손이 [**다 코**]

손이 ☐ ☐

⑥ 친구가 [**조 코**]

친구가 ☐ ☐

⑦ [**저 러 케 나**] 빨리 가?

☐ ☐ ☐ ☐ 빨리 가?

⑧ [**조 그 마 케**] 속삭여요.

☐ ☐ ☐ ☐ 속삭여요.

넷. 틀린 글자 고쳐 쓰기

1. 틀린 글자에 ✕ 하고 낱말을 바르게 고쳐 쓰세요.

 ➊ | ~~싸~~ | ~~쿄~~ |
| | |

 ➏ | 따 | 타 |
| | |

 ➋ | 조 | 코 |
| | |

 ➐ | 빠 | 타 |
| | |

 ➌ | 기 | 다 | 라 | 케 |
| | | | |

 ➑ | 노 | 라 | 치 |
| | | |

 ➍ | 까 | 마 | 케 |
| | | |

 ➒ | 파 | 라 | 치 |
| | | |

 ➎ | 빨 | 가 | 타 |
| | | |

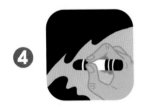 ➓ | 그 | 러 | 치 |
| | | |

2. 틀린 글자에 × 하고 어구와 문장을 바르게 고쳐 쓰세요.

❶ 마늘을  .

　마늘을 ☐ ☐ .

❷ 천장에 | 다 | 타 | .

　천장에 ☐ ☐ .

❸ | 그 | 러 | 코 | 말고

　☐ ☐ ☐ 말고

❹ | 하 | 야 | 코 | 동그란 눈사람

　☐ ☐ ☐ 동그란 눈사람

❺ 정말 | 커 | 다 | 라 | 치 | .

　정말 ☐ ☐ ☐ ☐ .

❻ | 어 | 떠 | 케 | 네가 | 그 | 러 | 케 | 말해?

　☐ ☐ ☐ 네가 ☐ ☐ ☐ 말해?

불러 주는 말을 잘 듣고 받아쓰세요.

1 | 좋 | 다 |

2

3

4

5

6

7

8

9

10

11

12

13

14

15

16

불러 주는 말을 잘 듣고 받아쓰세요.

❶ 사 이 ∨ 좋 게 ∨ 지 내 자 .

❷ ∨ ∨ ∨ .

❸ ∨ !

❹ ∨ .

❺ ∨ ∨ .

❻ ∨ ∨ ∨ .

❼ ∨ ∨ ∨ .

❽ ∨ ∨ ?

똑같이 닮은 소리가 나요

하나. 소리와 글자 구별하기

1. 밑줄 친 부분을 소리 내어 읽고 알맞은 그림과 연결하세요.

이번 게임에서 지는 사람이 **분리** 배출하는 거다!

나는 형보다 키가 작잖아. 나한테 너무 **불리**해!

불리 •

분리 •

불리 분리
소리는 같아요. 글자는 달라요.

2. 밑줄 친 부분을 두 가지 방법으로 읽어 보세요.

나한테 너무 **불리**해.	재활용품을 **분리**해.
이어서 읽어 볼까요?	**이어서** 읽어 볼까요?
[불리]	[불리]
↓	↓
한 글자씩 읽어 볼까요?	**한 글자씩** 읽어 볼까요?
[불] [리]	[분] [리]

'불리'는 이어서 읽을 때와 한 글자씩 읽을 때의 소리가 같아요.
'분리'는 이어서 읽을 때와 한 글자씩 읽을 때의 소리가 달라요.
똑같이 닮은 소리가 나는 경우에는
한 글자씩 읽을 때의 소리대로 쓰면 글자를 틀리지 않아요.

둘. 바르게 읽고 쓰는 법 알기

1. 바르게 읽는 방법을 살펴보고 알맞게 읽은 소리에 ○ 하세요.

설날

| 소리가 닮아 가요 | 설^ㄹ날 | ㄴ 소리가
받침 ㄹ 소리를 **닮아 가요.** |
| 이렇게 읽어요 | [설랄] \| [설날] | 글자를 자연스럽게
이어서 읽어요. |

읽을 때는 소리가 닮아 가요.

❶

칼날

| 소리가 닮아 가요 | 칼^ㄹ날 |
| 이렇게 읽어요 | [칼랄] \| [칼날] |

❷

신랑

신_ㄹ랑

[실랑] \| [신랑]

받침 ㄴ 소리가
ㄹ 소리를 **닮아 가요.**

2. 바르게 쓰는 방법을 살펴보고 글자를 바르게 쓰세요.

이렇게 들렸어요

[설랄]

닮아 간 소리를
되돌려요

설 ㄹ→**날**

뒤 글자의 ㄹ을 ㄴ으로
되돌려요.

이렇게 써요

설 날

한 글자씩 읽을 때의
소리대로 써요.

쓸 때는 닮아 간 소리를 되돌려요.

❶

❷

이렇게 들렸어요

[달림]

[날로]

닮아 간 소리를
되돌려요

달 ㄹ→**님**

날→ㄴ 로

이렇게 써요

받침 ㄹ을 받침 ㄴ으로
되돌려요.

셋. 바르게 읽고 쓰기

1. 어떤 낱말의 발음인지 생각하며 글자를 바르게 쓰세요.

이렇게 들렸어요 **[설로]**

닮아 간 소리를 되돌려요 설→ㄴ 로

이렇게 써요 | 선 | 로 |

❶ **[절 류]**

| | |

받침 ㄹ을 받침 ㄴ으로 되돌려요.

❷ **[질 료]**

| | |

❸ **[날 로]**

| | |

❹ **[솔 라 무]**

| | 무 |

뒤 글자의 ㄹ을 ㄴ으로 되돌려요.

❺ **[줄 럼 끼]**

| | 기 |

❻ **[불 라 방]**

| | 방 |

2. 어구와 문장을 소리 내어 읽고 색칠한 부분을 바르게 쓰세요.

> 소리 내어 읽어요 [**절** 래] 동화 책이다.
>
> 이렇게 써요 | 전 | 래 | 동화 책이다.

❶ [**볼** **래**] 모습

| | | 모습

❺ 오늘은 내 [**생** **일** **랄**]

오늘은 내 | | | |

❷ 체력 [**달** **련**]

체력 | | |

❻ 밤하늘 [**별** **라** **라**]

밤하늘 | | | |

❸ 숨은 [**월** **리**]

숨은 | | |

❼ 들에 자란 [**들** **라** **물**]

들에 자란 | | | |

❹ [**날** **리**]가 났어요!

| | | 가 났어요!

❽ 늘 푸른 [**사** **철** **라** **무**]

늘 푸른 | | | | |

넷. 틀린 글자 고쳐 쓰기

1. 틀린 글자에 × 하고 낱말을 바르게 고쳐 쓰세요.

①  ~~열~~ 락

② 대 괄 령

③ 펼 리 하 다

④  불 류 하 다

⑤  할 라 산

⑥  불 라 다

⑦  말 로 리

⑧  겨 울 라 기

⑨  한 글 랄

⑩ 솔 라 무

2. 틀린 글자에 ✕ 하고 어구와 문장을 바르게 고쳐 쓰세요.

❶ | ~~곤~~ | 란 | 한 | 상황

    | | | 상황

❷ | 실 | 라 | 시대

    | | | 시대

❸ | 절 | 라 | 도 | 여행 가자.

    | | | 여행 가자.

❹ | 물 | 로 | 리 | 하 | 는 | 여름

    | | | | | 여름

❺ | 혈 | 란 | 한 | 춤

    | | | 춤

❻ | 골 | 란 | 사람처럼

    | | 사람처럼

다섯. 낱말과 어구 받아쓰기

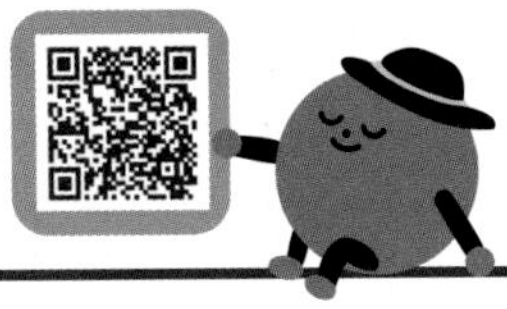

불러 주는 말을 잘 듣고 받아쓰세요.

1. 진 료
2.
3.
4.
5.
6.
7.
8.
9.
10.
11.
12.
13.
14.
15.
16.

여섯. 문장 받아쓰기

불러 주는 말을 잘 듣고 받아쓰세요.

❶ | 원 | 리 | 를 | ∨ | 알 | 면 | ∨ | 쉬 | 워 | . |

❷ | | | | ∨ | | | | . |

❸ | | | | | | ∨ | | ∨ | | | . |

❹ | | | | | | ∨ | | | . |

❺ | | | | | ∨ | | | | ∨ | | | ? |

❻ | | ∨ | | | ∨ | | | ∨ | . |

❼ | | | | ∨ | | ∨ | | | . |

❽ | | | | | ∨ | | | ∨ | | . |

비슷하게 닮은 소리가 나요

하나. 소리와 글자 구별하기

1. 밑줄 친 부분을 소리 내어 읽고 알맞은 그림과 연결하세요.

동물 •

독물 •

동물   독물

소리는 같아요. 글자는 달라요.

2. 밑줄 친 부분을 두 가지 방법으로 읽어 보세요.

<u>동물</u>을 보호해요.

이어서 읽어 볼까요?

[동물]

↓

한 글자씩 읽어 볼까요?

[동] [물]

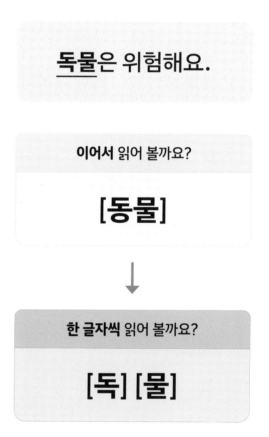

<u>독물</u>은 위험해요.

이어서 읽어 볼까요?

[동물]

↓

한 글자씩 읽어 볼까요?

[독] [물]

'동물'은 이어서 읽을 때와 한 글자씩 읽을 때의 소리가 같아요.
'독물'은 이어서 읽을 때와 한 글자씩 읽을 때의 소리가 달라요.
비슷하게 닮은 소리가 나는 경우에는
한 글자씩 읽을 때의 소리대로 쓰면 글자를 틀리지 않아요.

둘. 바르게 읽고 쓰는 법 알기

1. 바르게 읽는 방법을 살펴보고 알맞게 읽은 소리에 ○ 하세요.

막내

소리가 바뀌어요

망 내

ㄴ 앞에서 받침 ㄱ이 ㅇ[응] 소리가 나요.

이렇게 읽어요

[망내] | [막내]

글자를 자연스럽게 이어서 읽어요.

읽을 때는 소리가 바뀌어요.

❶ 승리

❷ 석류

소리가 바뀌어요

승리

성 류

이렇게 읽어요

[승리] | [승니]

[성뉴] | [석뉴]

받침 ㅇ 뒤에서 ㄹ이 ㄴ[느] 소리가 나요.

받침 ㄱ과 ㄹ이 만나면 받침 ㄱ은 ㅇ[응], ㄹ은 ㄴ[느] 소리가 나요.

2. 바르게 쓰는 방법을 살펴보고 글자를 바르게 쓰세요.

이렇게 들렸어요

[망내]

바뀐 소리를 되돌려요

망→ㄱ 내

받침 ㅇ을 받침 ㄱ으로 되돌려요.

이렇게 써요

| 막 | 내 |

한 글자씩 읽을 때의 소리대로 써요.

쓸 때는 바뀐 소리를 되돌려요

---

①

이렇게 들렸어요

[장농]

바뀐 소리를 되돌려요

장 ㄴ→롱

이렇게 써요

| | |

ㄴ을 ㄹ로 **되돌려요.**

②

[싱냥]

싱→ㄱ ㄴ→량

| | |

받침 ㅇ을 받침 ㄱ으로, ㄴ을 ㄹ로 **되돌려요.**

셋. 바르게 읽고 쓰기

1. 어떤 낱말의 발음인지 생각하며 글자를 바르게 쓰세요.

이렇게 들렸어요   [궁물]

바뀐 소리를 되돌려요   궁 →ㄱ 물

이렇게 써요 | 국 | 물 |

❶  [멍 물]

| | |

받침 ㅇ을 받침 ㄱ으로 되돌려요.

❷  [방 물 관]

| | | 관 |

❸  [정 는 다]

| | | 다 |

❹  [대 통 녕]

| 대 | | |

ㄴ을 ㄹ로 되돌려요.

❺  [동 뇨]

| | |

❻  [몽 년]

| | |

2. 어구와 문장을 소리 내어 읽고 색칠한 부분을 바르게 쓰세요.

소리 내어 읽어요   **[장 년]** 여름보다 더워.

이렇게 써요   **작 년** 여름보다 더워.

❶ 고소한 **[공 물]**

고소한 ☐ ☐

❷ **[송 마 음]**을 들키다.

☐ ☐ ☐ 을 들키다.

❸ 기다란 **[송 눈 썹]**

기다란 ☐ ☐ ☐

❹ 소중한 **[중 마 고 우]**

소중한 ☐ ☐ ☐ ☐

❺ 다양한 **[종 뉴]**

다양한 ☐ ☐

❻ **[경 녜]**하는 경찰

☐ ☐ 하는 경찰

❼ **[송 녁]**이 빠르다.

☐ ☐ 이 빠르다.

❽ 가구 **[방 남 회]**

가구 ☐ ☐ ☐

넷. 틀린 글자 고쳐 쓰기

1. 틀린 글자에 × 하고 낱말을 바르게 고쳐 쓰세요.

① 식̶ 물

⑥ 왕 능

② 몽 마

⑦ 공 뇽

③ 궁 물

⑧ 융 뉴

 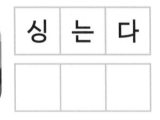

④ 싱 는 다

⑨ 공 뉴

⑤ 농 는 다

⑩ 송 녁

108

2. 틀린 글자에 × 하고 어구와 문장을 바르게 고쳐 쓰세요.

❶ 대한민국 | 꿍 | 민 |

대한민국 | | |

❷ | 장 | 년 | 보다 올해는

| | | 보다 올해는

❸ 홍수를 | 망 | 는 | 다 | .

홍수를 | | | .

❹ | 잉 | 뇽 | 이 하늘을 난다.

| | | 이 하늘을 난다.

❺ 오며 가며 | 왕 | 내 |

오며 가며 | | |

❻ | 대 | 통 | 녕 | 선거

| | | | 선거

다섯. 낱말과 어구 받아쓰기

불러 주는 말을 잘 듣고 받아쓰세요.

❶ 종 류

❷

❸

❹

❺

❻

❼

❽

❾

❿

⓫

⓬

⓭

⓮

⓯

⓰

여섯. 문장 받아쓰기

불러 주는 말을 잘 듣고 받아쓰세요.

❶ 열 매 가 ∨ 익 는 ∨ 계 절 이 다 .

❷ ∨ ∨ .

❸ ∨ ∨ !

❹ ∨ ∨ ∨ .

❺ ∨ ∨ .

❻ ∨ ∨ ∨ .

❼ ∨ ∨ .

❽ ∨ .

● **낱말과 어구**

①

②

③

④ 〔　　〕〔　ˇ　〕

⑤

⑥

⑦

⑧

⑨

⑩

⑪

⑫

⑬

⑭

⑮

⑯

● **문장**

①

②

③
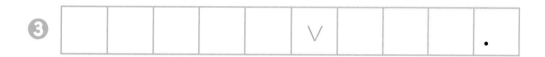

④

⑤

⑥

⑦

⑧

● **낱말과 어구**

① 　　　　

② 　　

③ 　　

④ 　　

⑤ 　　

⑥ 　　

⑦ 　　

⑧ 　　

⑨ 　　

⑩ 　　

⑪ 　　

⑫ 　　

⑬ 　　

⑭ 　　

⑮ 　　

⑯

● 문장

① 　　　∨　　　　∨　　　．

② 　　　∨　　　∨　　　．

③ 　∨　　　∨　　∨　．

④ 　　　　∨　　　．

⑤ 　∨　　　∨　　　．

⑥ 　　∨　∨　　．

⑦ 　　∨　∨　　．

⑧ 　∨　　∨　　．

정답

하나. 소리와 글자 구별하기

26쪽

거름 ────╳────
걸음 ────╳────

둘. 바르게 읽고 쓰는 법 알기

28쪽

(조럽) [졸업]   (너머지다) [넘어지다]

29쪽

| 줄 | 이 | 다 |

| 감 | 옥 |

셋. 바르게 읽고 쓰기

30쪽

❶ 졸 음
❷ 줄 이 다
❸ 월 요 일
❹ 떨 어 지 다
❺ 더 듬 이
❻ 넘 어 요
❼ 담 아 요
❽ 품 어 요

31쪽

❶ 신나는 놀 이
❷ 물 이 흘러가요.
❸ 모퉁이를 돌 아 가 자 .
❹ 공이 날 아 와 .
❺ 이 름 을 써요.
❻ 사 람 이 지나가요.
❼ 그는 샘 이 나서
❽ 여기 담 아 주세요.

넷. 틀린 글자 고쳐 쓰기

32쪽

❶ 나 ~~드~~ ~~리~~
  나 들 이
❷ ~~저~~ ~~략~~
  절 약
❸ 귀 ~~거~~ ~~리~~
  귀 걸 이
❹ ~~무~~ ~~름~~ 표
  물 음 표
❺ ~~미~~ ~~러~~ 요
  밀 어 요
❻ ~~그~~ ~~묘~~ 일
  금 요 일
❼ ~~가~~ ~~마~~ 요
  감 아 요
❽ ~~수~~ ~~머~~ 요
  숨 어 요
❾ 쓰 다 ~~드~~ ~~머~~
  쓰 다 듬 어
❿ ~~이~~ ~~러~~ 서 다
  일 어 서 다

33쪽

❶ ~~수~~ ~~를~~ ∨ ~~차~~ ~~마~~ 요 .
  숨 을 ∨ 참 아 요 .
❷ ~~거~~ ~~믄~~ 색 ∨ 구 ~~르~~ ~~미~~
  검 은 색 ∨ 구 름 이
❸ 사 ~~라~~ ~~미~~ ∨ ~~피~~ ~~료~~ 해 .
  사 람 이 ∨ 필 요 해 .
❹ 마 ~~으~~ ~~를~~ ∨ ~~조~~ ~~리~~ 다 .
  마 음 을 ∨ 줄 이 다 .
❺ 하 ~~느~~ ~~를~~ ∨ ~~나~~ ~~라~~ 요 .
  하 늘 을 ∨ 날 아 요 .
❻ ~~자~~ ~~미~~ ∨ 확 ∨ ~~다~~ ~~라~~ 나 다 .
  잠 이 ∨ 확 ∨ 달 아 나 다 .

다섯. 낱말과 어구 받아쓰기

34쪽

① 줄 여 요
② 음 악
③ 참 외
④ 촬 영
⑤ 열 어 요
⑥ 들 어 가 다
⑦ 됨 됨 이
⑧ 도 돌 이 표

⑨ 숨 이 ∨ 차 서
⑩ 처 음 으 로
⑪ 내 일 이 ∨ 오 면
⑫ 가 을 ∨ 나 들 이
⑬ 월 요 일 ∨ 아 침
⑭ 여 름 이 ∨ 오 면
⑮ 흐 린 ∨ 일 요 일
⑯ 담 임 ∨ 선 생 님

여섯. 문장 받아쓰기

35쪽

① 생 일 에 ∨ 놀 이 동 산 ∨ 가 자 .
② 오 늘 ∨ 점 심 은 ∨ 군 밤 이 야 .
③ 마 을 이 ∨ 점 점 ∨ 멀 어 져 요 .
④ 별 똥 별 이 ∨ 떨 어 져 요 .
⑤ 길 이 가 ∨ 줄 어 들 어 요 .
⑥ 졸 음 을 ∨ 참 으 며 ∨ 공 부 할 래 .
⑦ 기 름 이 랑 ∨ 소 금 을 ∨ 뿌 려 요 .
⑧ 이 름 은 ∨ 외 우 기 ∨ 힘 들 어 .

1주 2일 받침 'ㄱ, ㄴ, ㅂ'이 뒤로 넘어가요

하나. 소리와 글자 구별하기

36쪽

모기   목이

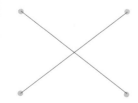

둘. 바르게 읽고 쓰는 법 알기

38쪽

(이너) [인너]   [밥알] (바발)

39쪽

연 어   집 ∨ 안

셋. 바르게 읽고 쓰기

40쪽

① 목 요 일
② 거 북 이
③ 끄 덕 이 다
④ 선 원
⑤ 분 유
⑥ 군 인
⑦ 입 원
⑧ 손 잡 이

41쪽

① 국 어 시간이다.
② 책 을 펴세요.
③ 어 린 이 여러분
④ 겁 이 나요.
⑤ 계 획 을 세워
⑥ 수 줍 은 아이
⑦ 병 원 이 어디예요?
⑧ 길 잡 이 가 되어

넷. 틀린 글자 고쳐 쓰기

42쪽

① ~~어 너~~ → 인 어
② ~~묵 거~~ 책 → 국 어 책
③ ~~어 뻐~~ 요 → 업 어 요
④ ~~자 거~~ 요 → 작 아 요
⑤ ~~자 뻐~~ 요 → 잡 아 요
⑥ ~~하 녹~~ → 한 옥
⑦ ~~모 뵥~~ 탕 → 목 욕 탕
⑧ ~~마 눅~~ 절 → 만 우 절
⑨ 반 ~~짜 기~~ 다 → 반 짝 이 다
⑩ 뒤 ~~저 기~~ 다 → 뒤 적 이 다

❶ 손이 너무 끈적이네.
손 이 너 무 끈 적 이 네 .

❷ 오늘 입은 바지는 파란색이야.
오 늘 입 은 바 지 는 파 란 색 이 야 .

❸ 학원 가서 등록을 해요.
학 원 가 서 등 록 을 해 요 .

❹ 학용품도 교환이 돼요.
학 용 품 도 교 환 이 돼 요 .

❺ 낙엽을 빨리 잡으려고
낙 엽 을 빨 리 잡 으 려 고

❻ 거북이가 움직여요.
거 북 이 가 움 직 여 요 .

다섯. 낱말과 어구 받아쓰기

44쪽

❶ 직 업
❷ 환 영
❸ 건 어 물
❹ 국 악
❺ 씹 어 요
❻ 숙 이 다
❼ 길 잡 이
❽ 굽 이 굽 이
❾ 공 중 목 욕 탕
❿ 반 짝 이 는 ∨ 별
⓫ 수 줍 은 ∨ 얼 굴
⓬ 문 을 ∨ 열 고 서
⓭ 좁 아 진 ∨ 길
⓮ 생 각 이 ∨ 나 서
⓯ 꼭 꼭 ∨ 씹 으 면
⓰ 끈 끈 이 주 걱

여섯. 문장 받아쓰기

45쪽

❶ 국 어 책 을 ∨ 펴 세 요 .
❷ 장 미 를 ∨ 접 어 서 ∨ 선 물 하 자 .
❸ 그 ∨ 소 식 은 ∨ 비 밀 로 ∨ 해 .

❹ 생 일 을 ∨ 손 꼽 아 ∨ 기 다 려 요 .
❺ 거 북 이 가 ∨ 먹 이 를 ∨ 먹 어 요 .
❻ 소 원 을 ∨ 들 어 줄 래 ?
❼ 이 ∨ 공 책 은 ∨ 백 ∨ 원 이 다 .
❽ 물 건 을 ∨ 교 환 하 러 ∨ 가 요 .

1주 3일 받침 'ㅇ, ㄹ, ㅁ' 뒤에서 된소리가 나요

하나. 소리와 글자 구별하기

46쪽

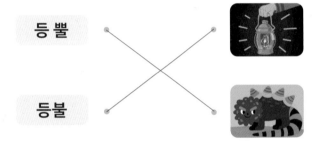

등뿔

등불

둘. 바르게 읽고 쓰는 법 알기

48쪽

(글짜) [글자]   [넘다] (넘따)

49쪽

실 밥   숨 다

셋. 바르게 읽고 쓰기

50쪽

❶ 상 장
❷ 창 가
❸ 된 장 국
❹ 심 다
❺ 감 다
❻ 빨 대
❼ 물 방 울
❽ 돌 덩 어 리

❶ 글 자 쓰기
❷ 불 길 이 번져요.
❸ 장 바 구 니 들고
❹ 추위를 참 다 .
❺ 아 침 밥 먹어.
❻ 고양이 발 자 국
❼ 초 승 달 이 예뻐요.
❽ 어려운 뺄 셈

넷. 틀린 글자 고쳐 쓰기

❶ 창 ~~쌀~~
　 창 살
❷ 땔 ~~깜~~
　 땔 감
❸ 열 ~~세~~
　 열 쇠
❹ 콩 ~~까~~ 루
　 콩 가 루
❺ 알 림 ~~짱~~
　 알 림 장

❻ 물 ~~껼~~
　 물 결
❼ 밤 ~~빠~~ 다
　 밤 바 다
❽ 돌 ~~뿌~~ 리
　 돌 부 리
❾ 오 솔 ~~낄~~
　 오 솔 길
❿ 종 ~~쏘~~ 리
　 종 소 리

❶ 발 ~~빠~~ 닥 이 온통 검 ~~따~~ .
　 발 바 닥 이 온통 검 다 .
❷ 궁 금 ~~쯩~~ 을 못 참는 성 ~~껵~~
　 궁 금 증 을 못 참는 성 격
❸ 밤 ~~낄~~ 에 만난 커다란 보 름 ~~딸~~
　 밤 길 에 만난 커다란 보 름 달
❹ 물 ~~짠~~ 에 물이 남 ~~따~~ .
　 물 잔 에 물이 남 다 .
❺ 솔 ~~빵~~ 울 따러 가자.
　 솔 방 울 따러 가자.
❻ 비 빔 ~~빱~~ 이랑 냉 ~~꾹~~ 주세요.
　 비 빔 밥 이랑 냉 국 주세요.

다섯. 낱말과 어구 받아쓰기

❶ 활 동
❷ 실 수
❸ 갈 대
❹ 몸 집
❺ 참 다
❻ 그 믐 달
❼ 칼 집
❽ 방 구 석

❾ 출 석 ∨ 체 크
❿ 갈 색 ∨ 나 무
⓫ 동 네 ∨ 빵 집
⓬ 팔 자 걸 음
⓭ 밀 가 루 ∨ 반 죽
⓮ 용 돈 ∨ 지 갑
⓯ 물 개 와 ∨ 펭 귄
⓰ 왼 쪽 ∨ 발 등

여섯. 문장 받아쓰기

❶ 눈 에 ∨ 발 자 국 을 ∨ 남 기 자 .
❷ 장 독 에 서 ∨ 김 치 를 ∨ 꺼 내 요 .
❸ 보 름 달 ∨ 뜬 ∨ 추 석 이 에 요 .
❹ 뺄 셈 은 ∨ 너 무 ∨ 어 려 워 요 .
❺ 열 쇠 를 ∨ 다 시 ∨ 가 져 다 줄 래 ?
❻ 물 살 을 ∨ 가 르 며 ∨ 헤 엄 치 다 .
❼ 물 감 을 ∨ 통 에 ∨ 담 다 .
❽ 오 솔 길 로 ∨ 빨 리 ∨ 가 자 !

> **1주 4일** 받침 '¬, ㄴ, ㅂ' 뒤에서
> 된소리가 나요

하나. 소리와 글자 구별하기

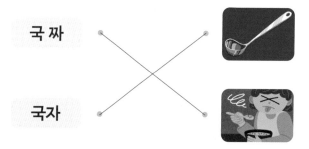

국 짜

국 자

둘. 바르게 읽고 쓰는 법 알기

58쪽

[손등] | (손뜽)   [접시] | (접씨)

59쪽

| 눈 | 사 | 람 | | 입 | 술 |

셋. 바르게 읽고 쓰기

60쪽

❶ 박 수
❷ 탁 자
❸ 먹 구 름
❹ 돈 주 머 니
❺ 손 금
❻ 문 고 리
❼ 맵 다
❽ 춥 다

61쪽

❶ 백 과 사 전 을 보자.
❷ 북 소 리 가 울려요.
❸ 손 바 닥 이 아파.
❹ 눈 두 덩 이 에 살포시
❺ 약 수 터 에 가요.
❻ 눈 금 자 로 재요.
❼ 도둑 을 잡 다 .
❽ 책 장 을 들어요.

넷. 틀린 글자 고쳐 쓰기

62쪽

❶ 독 ~~또~~
  독 도
❷ 탁 ~~꾸~~
  탁 구
❸ 백 ~~뚜~~ 산
  백 두 산
❹ 색 ~~쫑~~ 이
  색 종 이
❺ 껍 ~~떼~~ 기
  껍 데 기
❻ 입 ~~짱~~
  입 장
❼ 식 ~~땅~~
  식 당
❽ 액 ~~짜~~
  액 자
❾ 산 ~~꼴~~ 짜 기
  산 골 짜 기
❿ 숨 바 꼭 ~~찔~~
  숨 바 꼭 질

63쪽

❶ 옥 ~~쑤~~ 수 찌고 껍 ~~찔~~ 버려요.
  옥 수 수 찌고 껍 질 버려요.
❷ 접 ~~씨~~ 에 하얀 백 ~~썰~~ 기 를 담아서
  접 시 에 하얀 백 설 기 를 담아서
❸ 문 ~~꼬~~ 리 가 너무 무 겁 ~~따~~ .
  문 고 리 가 너무 무 겁 다 .
❹ 떡 ~~꾹~~ 도 이제 지 겹 ~~따~~ .
  떡 국 도 이제 지 겹 다 .
❺ 숙 ~~쩨~~ 하기로 약 ~~쏙~~ !
  숙 제 하기로 약 속 !
❻ 극 ~~짱~~ 에서 시 끄 럽 ~~께~~ 하면 안 돼요.
  극 장 에서 시 끄 럽 게 하면 안 돼요.

다섯. 낱말과 어구 받아쓰기

64쪽

❶ 축 구
❷ 악 수
❸ 액 자
❹ 압 정
❺ 논 두 렁
❻ 책 가 방
❼ 저 녁 밥
❽ 백 과 사 전
❾ 아 침 ∨ 식 사
❿ 독 서 ∨ 시 간
⓫ 백 조 의 ∨ 호 수
⓬ 양 면 ∨ 색 종 이
⓭ 좁 은 ∨ 골 목 길
⓮ 청 국 장 ∨ 냄 새
⓯ 지 하 철 ∨ 입 구
⓰ 책 상 ∨ 정 리

여섯. 문장 받아쓰기

65쪽

❶ 조개 껍데기를 ∨ 주워요 .
❷ 곡식이 ∨ 쑥쑥 ∨ 자라요 .
❸ 나무로 ∨ 액자를 ∨ 만들자 !
❹ 아버지께서 ∨ 걱정하셔 .
❺ 책장 ∨ 청소를 ∨ 해요 .
❻ 출입구가 ∨ 어디지 ?
❼ 눈두덩이가 ∨ 뜨겁다 .
❽ 숙제를 ∨ 쉽게 ∨ 내 ∨ 주세요 .

1주 차 실전 받아쓰기 1

66~67쪽

● **낱말과 어구**

❶ 밥 알
❷ 학 용 품
❸ 물 음 표
❹ 속 이 다
❺ 참 아 요
❻ 떨 어 져 요
❼ 걸 어 가 다
❽ 토 닥 이 다

❾ 인 어 ∨ 공 주
❿ 천 ∨ 원 짜 리
⓫ 산 악 자 전 거
⓬ 버 스 ∨ 손 잡 이
⓭ 월 요 일 ∨ 아 침
⓮ 무 게 의 ∨ 단 위
⓯ 반 짝 이 는 ∨ 별
⓰ 음 악 ∨ 선 생 님

● **문장**

❶ 방 ∨ 안 으 로 ∨ 들 어 가 요 .
❷ 마 음 에 ∨ 쏙 ∨ 들 어 요 .
❸ 악 어 가 ∨ 입 을 ∨ 쩍 ∨ 벌 려 요 .
❹ 봄 이 ∨ 오 고 ∨ 새 순 이 ∨ 나 요 .
❺ 색 안 경 을 ∨ 끼 고 ∨ 본 ∨ 거 야 .
❻ 밥 을 ∨ 꼭 꼭 ∨ 씹 어 ∨ 먹 어 라 .
❼ 음 악 ∨ 소 리 를 ∨ 줄 여 ∨ 줘 .
❽ 가 슴 에 ∨ 리 본 을 ∨ 매 달 아 요 .

1주 차 실전 받아쓰기 2

68~69쪽

● **낱말과 어구**

❶ 열 쇠
❷ 밥 상
❸ 깍 두 기
❹ 논 두 렁
❺ 악 기
❻ 박 수
❼ 장 바 구 니
❽ 돌 덩 어 리

❾ 육 지 와 ∨ 바 다
❿ 속 상 한 ∨ 마 음
⓫ 마 을 ∨ 약 수 터
⓬ 사 과 ∨ 껍 질
⓭ 꼬 마 ∨ 눈 사 람
⓮ 큰 ∨ 몸 집
⓯ 뺄 셈 ∨ 문 제
⓰ 시 원 한 ∨ 국 수

● **문장**

❶ 독 도 는 ∨ 우 리 ∨ 땅 !
❷ 초 승 달 이 ∨ 뜨 는 구 나 .
❸ 손 바 닥 을 ∨ 땅 에 ∨ 대 ∨ 보 자 .
❹ 역 시 ∨ 우 리 는 ∨ 최 고 야 .
❺ 장 독 에 ∨ 김 치 를 ∨ 담 다 .
❻ 솔 방 울 로 ∨ 만 든 ∨ 목 걸 이 야 .
❼ 북 극 곰 을 ∨ 지 켜 ∨ 줘 요 .
❽ 작 은 ∨ 목 소 리 로 ∨ 속 삭 여 요 .

하나. 소리와 글자 구별하기

72쪽

시켜요

식혀요

둘. 바르게 읽고 쓰는 법 알기

74쪽

[박하] [바카]⭕

[급행] [그팽]⭕

75쪽

국 화

입 학

셋. 바르게 읽고 쓰기

76쪽

❶ 벽 화

❷ 막 히 다

❸ 식 히 다

❹ 굽 히 다

❺ 뽑 히 다

❻ 업 히 다

77쪽

❶ 침 착 한 사람

❷ 가 득 히 차다.

❸ 나는 정 직 하 다.

❹ 그는 착 하 다.

❺ 날씨가 습 하 다.

❻ 차이를 좁 히 다.

❼ 아기를 눕 히 고

❽ 술래에게 잡 히 고

넷. 틀린 글자 고쳐 쓰기

78쪽

❶ 가 ~~득카~~ 다
　 가 득 하 다

❻ ~~지팝~~
　 집 합

❷ ~~모포카~~ 다
　 목 욕 하 다

❼ ~~흐펼~~
　 흡 혈

❸ 찐 ~~득카~~ 다
　 찐 득 하 다

❽ ~~씨펴~~ 요
　 씹 혀 요

❹ 어 ~~두카~~ 다
　 어 둑 하 다

❾ ~~저펴~~ 요
　 접 혀 요

❺ 딱 ~~따카~~ 다
　 딱 딱 하 다

❿ ~~그퍼~~ 다
　 급 하 다

79쪽

❶ 공손하게 부 ~~타카~~ 다 .
　 공손하게 부 탁 하 다 .

❷ 그때를 기 ~~어캐~~ .
　 그때를 기 억 해 .

❸ 이미 시 ~~자칸~~ 경기
　 이미 시 작 한 경기

❹ 마음이 갑 ~~까펴~~ 요 .
　 마음이 갑 갑 해 요 .

❺ 나한테 ~~어펴~~ 서
　 나한테 업 혀 서

❻ 인형에게 옷을 ~~이펴~~ 요 .
　 인형에게 옷을 입 혀 요 .

다섯. 낱말과 어구 받아쓰기

80쪽

① 박하
② 축하
③ 목화
④ 백화점
⑤ 정직하다
⑥ 부족하다
⑦ 섭섭하다
⑧ 시무룩하다
⑨ 문어숙회
⑩ 급행 ∨ 철도
⑪ 입학시험
⑫ 길이 ∨ 막혀서
⑬ 지독한 ∨ 냄새
⑭ 곱하면 ∨ 둘
⑮ 목욕하는 ∨ 날
⑯ 솔직한 ∨ 마음

여섯. 문장 받아쓰기

81쪽

① 오래오래 ∨ 간직하자 .
② 밤이 ∨ 되자 ∨ 어둑어둑하다 .
③ 우리 ∨ 형은 ∨ 정말 ∨ 착해 .
④ 깜빡하고 ∨ 안 ∨ 가져오다 .
⑤ 입학을 ∨ 축하해요 .
⑥ 국화 ∨ 향기가 ∨ 가득하다 .
⑦ 씩씩하게 ∨ 대답하다 .
⑧ 목 ∨ 막히면 ∨ 식혜를 ∨ 마셔 .

하나. 소리와 글자 구별하기

82쪽

조치 ————

좋지 ————

둘. 바르게 읽고 쓰는 법 알기

84쪽

[놓지] [노치]   [다코] [닫고]

85쪽

놓지   닫고

셋. 바르게 읽고 쓰기

86쪽

① 좋다
② 노랗지
③ 동그랗지
④ 빨갛고
⑤ 하얗게
⑥ 커다랗게

87쪽

① 마음이 이렇다 .
② 절구에 빻다 .
③ 강물이 파랗지 .
④ 그렇지 , 그거야!
⑤ 손이 닿고
⑥ 친구가 좋고
⑦ 저렇게 나 빨리 가?
⑧ 조그맣게 속삭여요 .

88쪽

❶ [쌓고] 쌓 고

❷ [좋고] 좋 고

❸ 기 다 [랗게] 기 다 랗 게

❹ 까 [맣게] 까 맣 게

❺ 빨 [갛다] 빨 갛 다

❻ [땋다] 땋 다

❼ [빻다] 빻 다

❽ 노 [랗지] 노 랗 지

❾ 파 [랗지] 파 랗 지

❿ 그 [렇지] 그 렇 지

89쪽

❶ 마늘을 [빻다]. 마늘을 빻 다 .

❷ 천장에 [닿다]. 천장에 닿 다 .

❸ 그 [렇고] 말고 그 렇 고 말고

❹ 하 [얗고] 동그란 눈사람 하 얗 고 동그란 눈사람

❺ 정말 커 다 [랗지]. 정말 커 다 랗 지 .

❻ 어 [떻게] 네가 그 [렇게] 말해? 어 떻 게 네가 그 렇 게 말해?

다섯. 낱말과 어구 받아쓰기

90쪽

❶ 좋 다
❷ 찧 다
❸ 놓 다
❹ 쌓 다
❺ 빻 다
❻ 닿 다
❼ 하 얗 다
❽ 까 맣 다
❾ 어 떻 게
❿ 이 렇 게
⑪ 그 렇 지
⑫ 저 렇 지
⑬ 빨 갛 지
⑭ 커 다 랗 게
⑮ 동 그 랗 게
⑯ 아 무 렇 게 나

여섯. 문장 받아쓰기

91쪽

❶ 사 이 ∨ 좋 게 ∨ 지 내 자 .
❷ 어 미 ∨ 개 가 ∨ 새 끼 를 ∨ 낳 다 .
❸ 이 렇 게 ∨ 쉽 다 니 !
❹ 밀 가 루 를 ∨ 빻 다 .
❺ 하 얗 고 ∨ 동 그 랗 게 ∨ 만 들 자 .
❻ 그 렇 지 만 ∨ 이 게 ∨ 더 ∨ 좋 다 .
❼ 그 냥 ∨ 여 기 에 ∨ 놓 고 ∨ 가 자 .
❽ 어 떻 게 ∨ 저 렇 게 ∨ 이 야 기 해 ?

2주 3일 똑같이 닮은 소리가 나요

하나. 소리와 글자 구별하기

92쪽

불리 ———

분리 ———

둘. 바르게 읽고 쓰는 법 알기

94쪽

[칼랄] [칼날]   [실랑] [신랑]

달 님   난 로

셋. 바르게 읽고 쓰기

96쪽

❶ 전 류   ❹ 솔 나 무
❷ 진 료   ❺ 줄 넘 기
❸ 난 로   ❻ 불 나 방

97쪽

❶ 본 래 모습   ❺ 오늘은 내 생 일 날
❷ 체력 단 련   ❻ 밤하늘 별 나 라
❸ 숨은 원 리   ❼ 들에 자란 들 나 물
❹ 난 리 가 났어요!   ❽ 늘 푸른 사 철 나 무

넷. 틀린 글자 고쳐 쓰기

98쪽

❶ 열 락   ❻ 불 러 다
  연 락   불 나 다
❷ 대 괄 령   ❼ 말 료 리
  대 관 령   말 놀 이
❸ 펼 리 하 다   ❽ 겨 울 러 기
  편 리 하 다   겨 울 나 기
❹ 볼 류 하 다   ❾ 한 글 랄
  분 류 하 다   한 글 날
❺ 할 라 산   ❿ 솔 러 무
  한 라 산   솔 나 무

99쪽

❶ 콜 란 한 상황
  곤 란 한 상황

❷ 설 라 시대
  신 라 시대
❸ 절 라 도 여행 가자.
  전 라 도 여행 가자.
❹ 물 료 리 하 는 여름
  물 놀 이 하 는 여름
❺ 혈 란 한 춤
  현 란 한 춤
❻ 골 란 사람처럼
  골 난 사람처럼

다섯. 낱말과 어구 받아쓰기

100쪽

❶ 진 료   ❾ 신 랑 과 ∨ 신 부
❷ 연 락   ❿ 설 날 ∨ 아 침
❸ 원 리   ⓫ 백 제 와 ∨ 신 라
❹ 단 련   ⓬ 줄 넘 기 ∨ 연 습
❺ 물 난 리   ⓭ 무 딘 ∨ 칼 날
❻ 곤 란 하 다   ⓮ 체 력 ∨ 훈 련
❼ 안 락 의 자   ⓯ 여 름 ∨ 물 놀 이
❽ 찬 란 하 다   ⓰ 달 님 과 ∨ 별 님

여섯. 문장 받아쓰기

101쪽

❶ 원 리 를 ∨ 알 면 ∨ 쉬 워 .
❷ 한 라 산 ∨ 올 라 가 자 .
❸ 돌 나 물 무 침 ∨ 해 ∨ 주 세 요 .
❹ 관 리 하 기 가 ∨ 어 려 워 .
❺ 별 나 라 로 ∨ 여 행 을 ∨ 떠 날 까 ?
❻ 일 ∨ 생 기 면 ∨ 연 락 ∨ 줘 .
❼ 난 로 는 ∨ 참 ∨ 편 리 하 네 .
❽ 생 일 날 이 ∨ 제 일 ∨ 기 뻐 .

하나. 소리와 글자 구별하기

102쪽

동물 ————————

독물 ————————

둘. 바르게 읽고 쓰는 법 알기

104쪽

[승리] [승니]

[성뉴] [석뉴]

105쪽

| 장 | 롱 |

| 식 | 량 |

셋. 바르게 읽고 쓰기

106쪽

❶ | 먹 | 물 |
❷ | 박 | 물 | 관 |
❸ | 적 | 는 | 다 |

❹ | 대 | 통 | 령 |
❺ | 동 | 료 |
❻ | 목 | 련 |

107쪽

❶ 고소한 | 곡 | 물 |
❷ | 속 | 마 | 음을 들키다.
❸ 기다란 | 속 | 눈 | 썹 |
❹ 소중한 | 죽 | 마 | 고 | 우 |

❺ 다양한 | 종 | 류 |
❻ | 경 | 례 | 하는 경찰
❼ | 속 | 력 | 이 빠르다.
❽ 가구 | 박 | 람 | 회 |

넷. 틀린 글자 고쳐 쓰기

108쪽

❶ | 싱̶ | 물 |
  | 식 | 물 |
❷ | 똥̶ | 마 |
  | 목 | 마 |
❸ | 궁̶ | 물 |
  | 국 | 물 |
❹ | 싱̶ | 는 | 다 |
  | 식 | 는 | 다 |
❺ | 농̶ | 는 | 다 |
  | 녹 | 는 | 다 |

❻ 왕 | 농̶ |
  왕 | 릉 |
❼ 공 | 농̶ |
  공 | 룡 |
❽ | 융̶ | 뉴̶ |
  | 육 | 류 |
❾ | 공̶ | 뉴̶ |
  | 곡 | 류 |
❿ | 송̶ | 녁̶ |
  | 속 | 력 |

109쪽

❶ 대한민국 | 궁̶ | 민 |
  대한민국 | 국 | 민 |
❷ | 장̶ | 년 | 보다 올해는
  | 작 | 년 | 보다 올해는
❸ 홍수를 | 망̶ | 는 | 다 .
  홍수를 | 막 | 는 | 다 .
❹ | 잉̶ | 농̶ | 이 하늘을 난다.
  | 익 | 룡 | 이 하늘을 난다.
❺ 오며 가며 왕 | 냬̶ |
  오며 가며 왕 | 래 |
❻ | 대 | 통 | 녕̶ | 선거
  | 대 | 통 | 령 | 선거

다섯. 낱말과 어구 받아쓰기

110쪽

❶ | 종 | 류 |
❷ | 악 | 몽 |
❸ | 먹 | 는 | 다 |

❾ | 어 | 묵 | ∨ | 국 | 물 |
❿ | 막 | 내 | 와 | ∨ | 누 | 나 |
⓫ | 천 | 사 | 와 | ∨ | 악 | 마 |

④ 박물관
⑫ 오 ∨ 학년
⑤ 영리하다
⑬ 속는 ∨ 사람
⑥ 외숙모
⑭ 버스 ∨ 정류장
⑦ 음료수
⑮ 공룡 ∨ 박물관
⑧ 녹는다
⑯ 물에 ∨ 녹는

여섯. 문장 받아쓰기

111쪽

① 열매가 ∨ 익는 ∨ 계절이다.
② 나한테 ∨ 명령하지 ∨ 마.
③ 모두 ∨ 함께 ∨ 경례!
④ 내년에 ∨ 사 ∨ 학년이 ∨ 된다.
⑤ 모락모락 ∨ 연기가 ∨ 난다.
⑥ 몰래 ∨ 적는 ∨ 건 ∨ 나빠.
⑦ 음료수로 ∨ 더위를 ∨ 식혀요.
⑧ 속마음을 ∨ 숨길래.

2주 차 — 실전 받아쓰기 1

112~113쪽

● 낱말과 어구

① 빨다
② 좁히다
③ 축하해
④ 국화 ∨ 향기
⑤ 입학식
⑥ 시작하다
⑦ 섭섭하다
⑧ 아무렇게나
⑨ 이렇지만
⑩ 저렇게나
⑪ 그렇다고
⑫ 동그랗지
⑬ 침착해요
⑭ 부탁하다
⑮ 성급한
⑯ 가득히

● 문장

① 허리를 ∨ 굽히다.
② 착한 ∨ 어린이구나.
③ 박하사탕을 ∨ 먹어요.
④ 반으로 ∨ 접혀요.
⑤ 우리 ∨ 사이 ∨ 좋게 ∨ 지내자.
⑥ 아삭아삭 ∨ 씹혀요.
⑦ 차근차근 ∨ 익혀요.
⑧ 이렇게 ∨ 하면 ∨ 더 ∨ 편해요.

2주 차 — 실전 받아쓰기 2

114~115쪽

● 낱말과 어구

① 현란하다
② 식물
③ 썩는다
④ 박물관
⑤ 물놀이
⑥ 산신령
⑦ 음료수
⑧ 정류장
⑨ 사 ∨ 학년
⑩ 외숙모
⑪ 전통 ∨ 혼례
⑫ 찬란하다
⑬ 신랑과 ∨ 신부
⑭ 김치 ∨ 박람회
⑮ 동물과 ∨ 식물
⑯ 달님과 ∨ 별님

● 문장

① 원리를 ∨ 이해하면 ∨ 쉬워요.
② 편리한 ∨ 물건을 ∨ 고르자.
③ 본래 ∨ 모습을 ∨ 보여 ∨ 줘.
④ 분리수거를 ∨ 잘하자.
⑤ 연락 ∨ 오기를 ∨ 기다려요.
⑥ 막내는 ∨ 참 ∨ 영리해.
⑦ 국물이 ∨ 다 ∨ 식는다.
⑧ 나는 ∨ 너무 ∨ 곤란해.

메모

아하 한글 받아쓰기 ❷ 소리의 변화가 간단한 말

초판 1쇄 발행 2021년 9월 3일
초판 3쇄 발행 2021년 9월 10일

지은이 최영환 이병은 김나래
그림 황나경
펴낸이 강일우
편집 황수정
디자인 햇빛스튜디오

펴낸곳 (주)창비교육
등록 2014년 6월 20일
제2014-000183호
제조국 대한민국
주소 04004 서울특별시
마포구 월드컵로12길 7
전화 1833-7247
팩스 영업 070-4838-4938
편집 02-6949-0953

🌐 www.changbiedu.com
✉ textbook@changbi.com
© 최영환 이병은 김나래 2021
ISBN 979-11-6570-088-1
64710
ISBN 979-11-6570-086-7
(세트)